열자 지음 | 정창영 편역

무지개다리너머

차 례

8 열자에 대하여

제1편

천서 天瑞

하늘의 길조

11 모든 존재는 변화를 겪지만
13 무위無爲의 길
15 태어남과 죽음
16 무가 움직이면 유가 탄생한다
18 살아 있는 동안에는 쉴 수가 없다
20 마음을 비우는 일이 귀한 이유
21 쓸데없는 걱정
24 도를 소유할 수 있습니까?
25 자연에서 훔치다

제2편

황제 黃帝

황제의 깨달음

29 꿈의 나라
32 하늘의 기운이 들어갈 틈
35 만물의 근원에 도달할 때
37 진정한 달인
39 믿고 그대로 했을 뿐
44 너무 불만족스럽지도 너무 만족스럽지도
46 몸으로 체득해야
48 천성처럼
51 머릿속을 비우기 전에는 매미를 잡을 수 없다
53 최고의 말과 행위
54 무엇이 바위이고 무엇이 불인가요?
56 가르침의 껍데기만 긁어모으면
60 지극한 경지에 이르려면
63 큰 덕을 지녔어도 부족한 사람인 듯 처신해야
65 속과 겉
66 강하기만 하면 부러진다
67 사랑과 존경

	70	어리석은 사람을 현혹하는 방법
	72	도의 경지에 이른 싸움닭

제3편 주목왕周穆王
주목왕의 꿈

74	마술사의 나라
78	환幻의 본질
80	마음이 고요한 사람은 꿈을 꾸지 않는다
83	낮에는 하인 밤에는 임금
85	누가 꾸는 꿈인가?
88	건망증을 고치자 악몽이 시작되다
91	노랫소리가 우는소리로 들린다 해서
93	슬퍼하는 이유가 무엇인가?

제4편 중니仲尼
공자 이야기

96	선생은 도를 터득했습니까?
98	스승으로 모시는 이유
100	말하지 않는 말, 알지 못하는 앎
103	눈으로 듣고 귀로 보다
105	놀이의 극치
107	심장에 있는 일곱 개의 구멍
109	감각기관은 때가 되면 시든다
110	정치가들을 먹여 살리는 이들
112	쓸 필요가 없는 힘
115	그림자는 움직이지 않는다
121	하려는 욕망 없이 할 때

제5편 탕문湯問
탕임금의 질문

125	이 우주는 끝이 있소?
127	우공은 태산을 어떻게 옮겼나?
130	신선의 나라
133	공자도 모르는 것
134	균형의 이치를 알면 못할 일이 없다
136	심장을 바꾸다

138	참다운 벗을 잃다
140	뛰는 놈 위에 나는 놈
143	천하 제일의 궁수
146	최고의 말몰이꾼이 되려면
149	아픔은 느끼되 상처는 남지 않는 칼

제6편

역명 力命

자유의지와 운명

154	사람의 힘, 하늘의 힘
156	말 한마디에 눈뜨다
160	관중과 포숙아의 우정
165	자기가 맡은 배역을 연기했을 뿐
167	하늘이 내린 신의 神醫
169	어디로 가는지 알면서 뛰는 것이냐
171	죽음은 슬퍼할 일이 아니다

제7편

양주 楊朱

양주의 사상

174	진짜 명예, 가짜 명예
177	철없는 어린 시절과 혼미한 늙은 시절
179	지나친 욕심
180	삶을 즐기고 몸을 편안하게 하는 것이 제일이다
181	살아서는 아껴주고 죽어서는 버려라
182	살고 죽는 방법에 관한 모든 것
184	본성과 명예
188	도통한 사람이 노닐던 경지
190	세상살이
192	세상이 덜 복잡해지려면
194	죽고난 다음에 칭송받은들
197	천하를 쉽게 다스리는 법
199	잊혀질 일들
201	서로 다른 처지

제8편

설부設符

인과관계에 대하여

203	우리 행위는 반응에 지나지 않는다
204	도를 따르려는 이유
205	무엇을, 왜, 어떻게 하려는지 아는가?
206	자연의 변화에 따르다
207	그는 나를 모르는데
209	재능을 펼치는 때와 장소
212	군대를 보낸 사이에
213	도둑을 모두 잡으려면
215	물속에서는 물과 싸우지 않는다
217	물고기를 못 잡아도 옷은 젖는다
219	담담한 마음을 유지하면
221	길조인가 흉조인가
223	두 곡예사의 운명을 가른 것
225	천하의 명마를 고르는 눈
228	모든 것을 잘 다스리려면
229	삶을 어렵게 만드는 세 가지
231	도적 떼를 만나면
233	천벌은 우연히 찾아온다.
235	산적의 호의
237	자기를 알아주지 않는 이를 위해 싸우는 것은
239	내보내는 것이 돌아온다
240	하나의 길
244	개를 나무라지 마라
245	선을 행한다는 것
246	앎과 실천
248	위험한 자비심
249	더 귀하고 덜 귀한 것?
250	마구간 청소일이 왜 부끄러운가?
251	생각이 상황을 바꾸다
252	집착

253 역자 후기

열자에 대하여

많은 사람들이 『열자』를 『도덕경』, 『장자』와 함께 도가道家의 3대 경전으로 꼽는다. 그럼에도 불구하고 전설적인 도인道人인 열자 자신의 작품이 아니고, 후대에 편집되어서 열자의 이름을 붙인 위서僞書라는 견해가 일반적이다. 열자보다 후대의 이야기가 많이 들어 있다는 것이 그렇게 이야기하는 주요 이유다. 그래서 초기 도가 사상가들을 언급할 때도 노자와 장자만 입에 올릴 뿐, 열자까지 포함시키는 사람이 많지 않았다.

『열자』에 후대의 이야기가 많이 들어 있는 것은 사실이다. 그러나 '위서'라고 부르는 데에는 문제가 있다. '위서'라는 말 자체에 '거짓'이라는 뜻이 포함되어 있어서, 이 책의 내용까지 거짓이 아님에도 불구하고 거짓인 것처럼 비칠 수 있기 때문이다.

열자는 춘추 시대에 살았던 노자 이후, 전국 시대에 활동한 장자보다는 조금 이전 시대에 살았던 실존 인물로 보인다. 『열자』에는 열자가 노자의 제자인 관윤자關尹子에게 몇 차례 가르침을 받은 적이 있다는 이야기도 나오고, 공자에 대한 이야기도 나오며, 그 시대에 활동했던 여러 제후와 관료들의 이름도 나온다. 이런 점에 비춰볼 때, 열자로 알려진 열어구列禦寇라는 사람은 춘추 시대에서 전국 시대로 넘어가는 대혼란기에 살았던 사람으로 보인다. 그때는 지역에 근거를 둔 수많은 제후들이 천하의 패권을 차지하기 위하여 하루도 싸움을 그치지 않던 때였다.

   천하의 패권을 차지하기 위한 싸움이 무엇인가? 돈, 명예, 권력…. 이런 것들을 추구하는 욕망의 표현이 아닌가? 그렇다면 인류의 역사 속에서 춘추 전국 시대가 아닌 때가 있었을까? 추구하는 것의 형태만 바뀌었지 욕망은 그대로 아닌가? 그래서 그 시대 이야기를 모아 놓은 이 책이 오늘을 사는 우리에게도 무언가 할 말을 가지고 있다고 본다.

   노자의 『도덕경』은 깨달은 사람이 체험하는 현실의 근원인 실재 reality에 대해서 말한다. 『장자』는 현실의 근원을 깨달은 사람의 마음 mind이 어떻게 움직이는지를 보여준다. 한편 『열자』는 깨달은 사람이 살아가는 모습lives을 솔직히 보여준다. 즉 스승과 친구에게 배우는 과정, 그가 사람들이 인정하는 스승이 되었음에도 불구하고 어리석게 행동하고 실수하는 모습, 곤궁한 가정을 어렵게 꾸려나가는 모습 등을 있는 그대로 보여준다. 그래서 열자는 자칫 형이상학적인 관념으로 치부될 수도 있는 근원적인 실재에 우리가 편하게 접근할 수 있게 한다.

제1편 천서 天瑞

하늘의 길조

모든 존재는 변화를 겪지만

　열자는 겸손하고 진지한 사람이었다. 그는 자신의 학식을 뽐내지 않았다. 그는 소박하고 조용한 은자의 삶을 살았다. 한 번도 다른 사람과 논쟁을 하거나 아는 척하며 떠벌리지 않았다. 그래서 그가 정鄭나라의 포圃지방에서 사십 년을 사는 동안 주위 사람들은 모두 그를 평범한 사람으로 알았다. 아무도 그가 뛰어난 학식을 갖추고 깨달음의 경지에 이른 사람이라는 것을 몰랐다.
　어느 해 열자가 살고 있던 정나라에 기근이 들었다. 열자도 이웃 위衛나라로 이사를 가려고 마음먹었다. 열자가 떠날 준비를 하고 있을 때 제자들이 찾아왔다. 그들은 열자가 떠나면 언제 돌아올지 모른다고 생각하고 있었다. 그들은 열자가 계획하는 대로 사는 사람이 아니며, 위나라 분위기가 마음에 들면 언제까지라도 그곳에 눌러살 사람이라는 것을 알고 있었다. 그래서 떠나기 전에 몇 말씀이라도 가르침을 받으려고 찾아온 것이다.
　제자들이 가르침을 청했다.
　"선생님은 지금 떠나시면 언제 돌아오실지 모릅니다. 그러니 떠나시기 전에 한말씀 남겨주시기 바랍니다. 선생님의 스승이신 호구자림壺丘子林 선생님께 들으신 바가 있으실 텐데 그걸 전해주시면 고맙겠습니다."

열자는 입을 다물고 잠시 생각에 잠기더니 얼마 후 미소를 지으며 말했다.

"나의 스승이신 호구자림께서는 말이 거의 없는 분이셨지. 그분은 모든 것을 저절로 되도록 내버려두라고만 말씀하셨네. 하지만 언젠가 나와 함께 공부하던 백혼무인伯昏瞀人에게 말씀하시는 것을 내가 옆에서 들은 적이 있는데, 그 이야기를 들려주겠네."

다음은 열자가 제자들에게 전한 호구자림의 가르침이다.

"이 세상에 있는 존재들은 모두 태어난 것이다. 하지만 그 배후에는 태어나지 않고 늘 현존하는 도道가 있다. 이 세상에 있는 모든 존재들은 변화를 겪는다. 하지만 그 변화의 배후에는 영원히 변하지 않는 도가 있다. 태어나지 않고 변화하지도 않는 도가, 태어나는 것을 태어나게 하며 변화하는 것을 변화하게 한다. 태어나는 것은 태어남을 피할 수 없고, 변화하는 것은 변화를 피할 수 없다. 그래서 태어나고 변화하는 것들은 음양陰陽과 사시四時의 순환에 따라 한순간도 쉬지 않고 태어나고 변화한다. 그러나 태어나지도 않고 변화하지도 않는 도는 늘 자신의 상태에 머물면서 갔다가 되돌아옴을 반복할 뿐이다. 도의 이런 움직임은 멈추지 않으며, 끝도 없다."

무위無爲의 길

열자가 말했다.

"만물이 비록 하늘과 땅에 의지하여 존재하고 있지만 하늘과 땅도 모든 것을 할 수는 없다. 과거와 미래에 대해 가르칠 수 있는 현자도 모든 것을 알지는 못한다. 만물이 저마다 쓰임새가 있지만, 모든 역할을 혼자서 할 수 있는 것은 없다.

하늘의 역할은 생성하고 덮어주는 것이고, 땅의 역할은 유지하고 양육하는 것이고, 현자의 역할은 가르치고 영감을 불어넣는 것이며, 만물은 각기 저마다의 역할이 있다.

그러나 하늘은 만물을 낳고 덮고 보호할 수 있지만 유지하고 양육하지 못하며, 땅은 만물을 유지하고 양육할 수 있지만 가르치고 영감을 불어넣지 못한다. 그리고 현자는 가르치고 영감을 불어넣어 줄 수 있지만 만물의 역할을 바꾸지 못하며, 만물은 자기의 역할을 할 수 있지만 자기의 역할과 위치를 벗어나지 못한다.(이것이 도이고 자연의 질서이다. 역자 주)

천지의 작용은 음양의 원리를 벗어나지 못한다. 현자는 사랑이나 옳음을 가르칠 것이다. 만물은 단단하거나 부드러울 것이다.(모든 존재는 이렇게 자기의 범위 안에서 자기의 길을 가며 자기 역할을 한다. 역자 주)

태어난 것이 있고 태어난 것을 태어나게 한 것이 있다. 형체가 있고 그 형체를 있게 한 것이 있다. 소리가 있고 그런 소리로 울리게 하는 것이 있다. 색깔이 있고 그런 색으로 나타나게 한 것이 있다. 맛이 있고 그런 맛이 나게 한 것이 있다.

태어난 것은 죽는다. 그러나 태어난 것을 태어나게 한 것은 죽지 않는다. 형체는 구체적으로 실재하며 눈으로 볼 수 있다. 하지만 형체를 있게 한 것은 눈으로 볼 수 없다. 소리는 들을 수 있지만 소리를 있게 한 것은 소리가 없다. 색깔은 볼 수 있지만 색깔을 있게 한 것은 볼 수 없다. 음식마다 맛이 있지만 맛을 있게 한 것은 감각으로 인지할 수 없다. 태어남이나 형체나 소리나 색깔이나 맛은, 모두 억지로 하지 않고 저절로 그렇게 되는 무위無爲의 길을 따라 나타나는 것이다.

인위적인 욕망을 버리고, 억지로 하지 않는 무위의 길을 간다면 모든 것이 저절로 이루어질 것이다. 그 길을 가는 동안 음일 수도 있고 양일 수도 있으며, 단단할 수도 있고 부드러울 수도 있으며, 짧을 수도 있고 길 수도 있으며, 둥글 수도 있고 모가 날 수도 있으며, 뜨거울 수도 있고 차가울 수도 있으며, 살아 있을 수도 있고 죽었을 수도 있으며, 뜰 수도 있고 가라앉을 수도 있으며, 높은 소리가 날 수도 있고 낮은 소리가 날 수도 있으며, 나올 수도 있고 들어갈 수도 있으며, 검을 수도 있고 누럴 수도 있으며, 달콤할 수도 있고 쓸 수도 있으며, 향기로울 수도 있고 악취를 풍길 수도 있다. 하지만 저절로 그렇게 된다는 것을 체득한 사람은 자기 뜻대로 할 수 있는 것이 없다는 것을 알지만, 무엇을 하든지 인위적으로 하지 않음으로써 아무 걸림이 없으리라."

태어남과 죽음

열자가 제자들과 함께 위衛나라로 가는 길에 점심을 먹으려고 풀밭에 앉았다. 동행하던 제자 백풍百豊이 풀숲에 나뒹굴고 있는 백 년은 되었음직한 해골을 발견하고 쑥대를 뽑아 그것을 가리켜 보였다. 해골을 물끄러미 바라보던 열자가 제자들에게 말했다.

"저 해골바가지의 주인은 알 것이다. 모름지기 태어남도 없고 죽음도 없다는 것을…. 사람들은 우리는 살아 있고 저 해골의 주인은 죽은 것이라고 말하지만, 삶도 없고 죽음도 없는 궁극의 차원에서 본다면 어떨까? 그 자리에서 보면 내가 살았던 적도 없고 저 해골이 죽은 적도 없지 않겠는가. 그렇다면 삶을 즐거운 것이라고 하기도 어렵고, 죽음을 걱정할 필요도 없으리라."

열자가 말을 이었다. "사람들은 열심히 일한 다음 자기들이 이루어 놓은 것을 보고 흐뭇해한다. 그러나 마지막에는 누구나 저 해골바가지처럼 마른 뼛조각이 되고 만다. 지금 우리가 알고 있는 사람은 모두 백 년 안에 저 해골바가지처럼 뼛조각으로 변할 것이다. 그렇다면 저들이 살면서 얻은 것이 무엇인가? 또 죽었다고 잃은 것은 무엇인가? 태어남과 죽음은 자연의 법칙에 따른 현상이며, 이 순환은 끝이 없다. 모든 존재는 하나의 생명에서 나와 여러 형태로 삶과 죽음을 거듭하다가 다시 근원인 하나의 생명으로 돌아간다."

무가 움직이면 유가 탄생한다

『황제서黃帝書』에 이런 말이 있다.

"형체가 움직이면 또 다른 형체가 생기는 것이 아니라 그림자가 생긴다. 소리가 나면 또 다른 소리가 생기는 것이 아니라 울림이 퍼져나간다. 무無가 움직이면 또 다른 무가 생기는 것이 아니라 유有가 탄생한다.

형체를 가지고 있는 것은 언젠가 반드시 그 형체가 허물어진다. 하늘과 땅도 언젠가 형체가 사라질 날이 있을 것이다. 나의 이 형체도 그럴 것이다. 그렇다면 더 이상의 허물어지지 않는 끝이 있을까? 나는 모르겠다.

도는 어떠할까? 끝이 있을까? 그렇지 않다. 도는 원래 시작이 없다. 그렇기 때문에 끝도 없다. 태어난 것은 태어남이 없는 근원으로 돌아간다. 형체가 있는 것은 형체가 없는 근원으로 돌아간다. 사람들은 흔히 '시작'과 '끝'이라는 말을 쓴다. 그러나 '시작'이란 기氣가 모여 형체를 이루기 시작하는 것을 가리키고, '끝'이란 기가 흩어져 다시 형체가 없는 근원으로 돌아가는 것을 말한다.

모인 것은 조건이 맞았기 때문에 모인 것이다. 만약 그 조건이 충족되지 않으면 흩어진다. 반대로 흩어진 것은 조건이 맞으면 언제라도 다시 모여 형체를 이룬다.

태어난 것이 죽는 것과, 형체가 있는 것이 형체를 잃어버리는 것은 피할 길이 없다. 그런데도 영원히 살고자 하거나 즐거움을 끝없이 누리려고 하는 것은 이런 자연의 법칙을 모르기 때문이다.

정신은 하늘에서 온 것이고 육체는 땅에서 온 것이다. 조건이 변하여 이 둘이 더 이상 함께 결합해 있을 수 없는 상황이 되면, 맑고 가벼운 정신은 흩어져 하늘로 돌아가고, 탁하고 무거운 육체는 땅으로 돌아간다. 각자 자기의 근원으로 돌아가는 것이다. 그러면 사람들은 그를 '귀鬼'가 되었다고 한다. '귀'는 '돌아간 사람'이라는 뜻이다. 그러므로 귀가 되었다는 것은 자기가 왔던 고향으로 돌아갔다는 뜻이다."

『황제서』에 이런 말이 있다.

"정신이 자기가 나왔던 문으로 들어가고 육체가 자기가 자라 나온 뿌리로 돌아가면 '나'라고 할 무엇이 남아 있을 것인가?"

살아 있는 동안에는 쉴 수가 없다

어느 날 자공은 배우는 일이 모두 쓸데없는 짓 같다는 생각이 들었다. 그래서 스승인 공자에게 가서 잠시 쉬었으면 좋겠다는 뜻을 전했다. 그러자 공자가 말했다.

"살아 있는 동안에는 쉴 수가 없는 법이다."

자공은 불만이 가득 찬 목소리로 퉁명스럽게 대꾸했다.

"그렇다면 쉴 수 있는 곳이 없다는 말씀입니까?"

공자가 야릇한 미소를 지으며 말했다.

"왜 쉴 곳이 없겠느냐? 꼭 찾아야 한다면 쉴 곳이 있기는 하다. 저기 저 무덤을 보거라. 봉긋하게 쌓인 흙더미가 쉴 곳으로 적당해 보이지 않느냐? 바닥도 널찍한 것이 자네가 쉬기에는 안성맞춤인 것 같구나."

자공이 그 말에 문득 깨닫고 이렇게 말했다.

"죽음은 참으로 위대한 것이군요. 후회 없는 삶을 산 사람은 편안히 무덤에 묻혀 휴식을 취하고, 욕망에서 벗어나지 못한 사람은 죽음에 굴복하여 무덤에 묻히니 말입니다."

공자가 말했다.

"그래, 네가 그것을 알았구나. 사람들은 살아 있는 것을 즐거운 줄로만 알고 그것이 얼마나 비참하고 슬픈 것인지에 대해서는 관심을 두지 않는다. 그리고 늙는 것을 한탄하기만 하고 그것이 얼마나 편안해지는 것인지에 대해서는 관심을 두지 않으며, 죽음을 피하려고만 하고 그것이 얼마나 평안한 쉼인 줄을 모른다."

마음을 비우는 일이 귀한 이유

어떤 사람이 열자에게 물었다.

"선생님께서 '비어 있음[虛]'을 귀하게 여기는 까닭이 무엇입니까?"

열자가 대답했다.

"사람들은 칭찬받기를 좋아한다. 그들은 다른 사람이 자기가 한 일을 인정해주면 기분이 좋아진다. 그러나 나는 다른 사람이 인정하든 인정하지 않든 그런 것에 집착하지 않고 빈 마음이 되는 것이 더 낫다고 생각한다. 마음을 비우고 고요함에 머물면 걱정할 일이 없어진다. 그래서 나는 '비어 있음'을 귀하게 여기는 것이다."

잠시 침묵을 지키더니 열자가 다시 입을 열었다.

"마음을 비우고 고요함을 지키면 근원인 도와 하나되어 평안을 유지할 수 있다. 마음을 비우지 않고, 이해득실을 따지며 이리 뛰고 저리 뛴다면 어찌 고요할 수 있으며, 어찌 평안할 수 있겠는가? 그러면 바른 길[道]에서 벗어날 수밖에 없다. 바른 길에서 벗어나 일이 온통 헝클어진 다음에 사랑[仁]이 어떻고 정의[義]가 어떻다고 목청을 높여본들 다시 본연의 고요함과 평안함을 회복할 수 있겠는가?"

쓸데없는 걱정

　기杞나라에 하늘이 무너지고 땅이 꺼질까봐 걱정이 되어서 식음을 전폐하고 잠도 못 자며 근심하는 사람이 있었다. 그 소문을 들은 그의 친구는 그 사람이 걱정되었다. 그래서 친구는 그를 깨우쳐주려고 그의 집에 찾아가서 말했다.
　"여보게, 하늘은 본래 형체가 있는 것이 아니고 공기[氣]가 모여 있는 것에 불과하네. 공기는 우리 주변 어디에나 있네. 우리는 하루 종일 공기 속에서 숨 쉬고 몸을 움직이고 있지 않은가? 그런데 이 공기가 어찌 무너져 내리겠는가? 하늘은 절대로 무너지는 일이 없을 테니 걱정하지 말게나."
　그래도 그 사람은 마음이 편치 않았다.
　"만약 하늘이 공기일 뿐이라면 해와 달과 별이 어떻게 떨어지지 않고 하늘에 걸려 있을 수 있는가?"
　친구는 다시 설득하며 대답했다.
　"해와 달과 별도 기가 뭉쳐서 빛을 내고 있는 것이라네. 기와 빛은 무거운 것이 아니니까 해와 달과 별이 떨어진다고 해도 자네가 다치는 일은 없을 것이네."
　그러자 그 사람이 다시 물었다.
　"그러면 땅이 꺼진다면 어찌 되겠는가?"

친구가 대답했다.

"이 사람아, 땅은 사방 어디에나 있지 않은가? 앞으로 가도 땅이고 뒤로 가도 땅이고 옆으로 가도 땅이지 않은가? 우리는 하루 종일 땅 위에서 걸어 다니기도 하고 뛰기도 하고 앉기도 하고 잠을 자기도 하지 않는가? 이렇게 어딜 가나 땅인데 이 땅이 어디로 꺼진다는 말인가?"

근심하던 사람은 친구의 이 말을 듣고 하늘과 땅이 안전하다는 생각이 들었다. 그래서 마음이 편해지고 얼굴도 환하게 폈다. 그를 걱정하던 친구도, 친구를 쓸데없는 걱정에서 벗어나게 해주었다는 생각에 마음이 뿌듯해졌다.

장려長廬라는 철학자가 이 이야기를 듣고 웃으며 말했다.

"무지개, 구름, 안개, 바람, 비, 그리고 계절의 변화는 모두 하늘에서 일어나는 기의 변화로 이루어지는 것이다. 산과 언덕, 강과 바다, 쇠와 돌, 그리고 풀과 나무 같은 것은 모두 땅에서 물질이 모여 이루어진 것이다. 하늘에 있는 것은 모두 기가 뭉쳐 이루어진 것이고 땅에 있는 것은 모두 물질이 뭉쳐서 덩어리가 된 것임을 안다면, 어찌 하늘이 무너지지 않고 땅이 꺼지지 않는다고 말할 수 있겠는가? 하늘은 높고 땅은 넓다. 그러나 영원한 것은 아니다. 하늘과 땅은 언젠가는 무너지고 꺼질 것이다. 하지만 하늘이 무너지고 땅이 꺼진다고 해도 그건 먼 훗날의 이야기다. 그러므로 하늘이 무너지고 땅이 꺼질 것을 염려한 기나라 사람은 먼 훗날에나 있을 일을 걱정한 것이다. 하지만 우리가 생각하는 것처럼 그렇게 미친 사람은 아니다."

열자가 이 이야기를 듣고 껄껄 웃으면서 말했다.

"장려 선생은 하늘과 땅이 무너질 것이라고 생각하는 모양이다. 하지만 내 생각은 다르다. 하늘과 땅이 무너질 것인지, 무너지지 않을 것인지를 생각하는 것 자체가 쓸데없는 짓이다. 하늘과 땅이 무너질지, 무너지지 않을지는 아무도 모른다. 하늘과 땅이 무너지지 않는다면 안심하고 살 수 있을 테니 좋은 일이다. 만약 하늘과 땅이 무너진다고 해도 염려할 필요가 없다. 우리로서는 어쩔 수 없는 일이니, 우리가 어떻게 할 수 없는 일을 염려해서 무엇하겠는가? 살아 있는 사람은 죽은 사람의 일을 알지 못하고, 죽은 사람은 산 사람의 일을 알지 못한다. 미래에 태어나는 사람은 이미 살고 간 사람의 삶을 모르고, 이미 살고 간 사람은 미래에 태어날 사람의 삶을 모른다. 이렇게 알 수 없는 것들을 놓고 가타부타 논쟁을 하기보다는 고요함에 머무는 것이 현명한 일이다."

※기杞나라 사람의 걱정[憂]에 대한 이 이야기에서 '쓸데없는 걱정'이라는 뜻으로 쓰는 '기우杞憂'라는 말이 나왔다. 역자 주

도를 소유할 수 있습니까?

순舜임금이 현자라고 알려진 증烝이라는 신하에게 물었다.
"사람이 도를 얻어 자기 것으로 소유할 수 있는가?"
신하가 대답했다.
"폐하의 몸조차도 폐하의 것이 아닌데, 어떻게 궁극적인 진리이자 우주의 법칙인 도를 물건처럼 소유할 수 있겠습니까?"
순임금이 다시 물었다.
"내 몸이 내 것이 아니라면 도대체 누구의 것이라는 말인가?"
신하가 대답했다. "폐하의 몸은 하늘과 땅에서 빌린 것인지 폐하의 것이 아닙니다. 생명도 폐하의 것이 아닙니다. 하늘과 땅의 기운이 조화를 이루어 잠시 생명 현상으로 나타난 것이지요. 자녀의 생명과 몸이 형성되는 과정에 폐하께서 하실 수 있는 일이 없습니다. 그러므로 자녀도 폐하의 것이 아니지요."
신하가 말을 이었다. "우리가 태어나고 존재를 이어가는 양상이 우리 것이 아니기 때문에, 우리는 어떻게 이런 일이 일어나는지를 알 수 없습니다. 그저 일어나는 일에 순응할 뿐이지요. 천지의 일도 이렇게 우리가 소유할 수 있는 것이 아닌데, 어찌 그보다 더 근원적인 도를 얻어 가질 수 있겠습니까? 우리는 다만 도의 흐름을 따를 수 있을 뿐이지요."

자연에서 훔치다

　제齊나라의 국國씨는 큰 부자였다. 한편 송宋나라의 상向씨는 가난뱅이였다. 하루는 상씨가 국씨를 찾아가 부자가 될 수 있는 방법을 물었다. 국씨가 대답했다.
　"부자가 될 수 있는 무슨 특별한 방법이 있는 것은 아니오. 나는 그저 도둑질을 잘했을 뿐이라오. 내가 도둑질을 시작한 지 일 년 만에 생활이 넉넉해졌고, 다음 해가 되자 재물이 쌓이기 시작했소. 그리고 삼 년째에는 실컷 쓰고도 남을 만큼 풍족해져서 다른 사람들을 도와줄 수가 있었소."
　국씨의 말을 들은 상씨는 자기도 도둑질을 하면 부자가 될 수 있겠다는 생각에 마음이 흡족해졌다. 그러나 국씨가 도둑질해서 부자가 되었다는 말을 듣고 마음이 들떠서 어떻게 도둑질을 했는지 그 방법을 묻지 못한 채 돌아왔다.
　집에 돌아온 상씨는 날이면 날마다 남의 집 담을 넘어 눈에 보이는 대로 도둑질을 했다. 그러나 상씨는 얼마 안 가서 도둑으로 잡혀서 실컷 두들겨 맞고, 자기가 훔친 물건은 물론이고 조상에게 물려받은 재물까지 장물로 오해받아 몰수당하고 말았다. 상씨는 국씨 때문에 자기가 망했다고 원망하면서 한바탕 퍼부을 요량으로 국씨를 찾아갔다. 씩씩거리며 찾아온 상씨에게 국씨가 물었다.

"도대체 도둑질을 어떻게 했기에 그렇게 되었소?"

상씨는 자기가 겪은 일을 사실대로 설명했다.

그러자 국씨가 말했다.

"저런, 내가 도둑질을 해서 부자가 되었다는 말만 들었지 무엇을 어떻게 훔쳤다는 얘기를 듣지 못한 것이 화근이 되었구려. 이제 내가 무엇을 어떻게 훔쳤는지 말해주리다."

국씨는 안됐다는 표정으로 상씨를 쳐다보며 말을 이었다.

"옛말에 '계절마다 하늘이 내주는 선물이 있다'는 말이 있소. 나는 그 선물을 잘 훔쳤소. 봄에는 촉촉이 내리는 비를 훔쳐서 씨앗이 싹이 트도록 했고, 여름에는 뜨거운 햇볕을 훔쳐서 곡식이 무럭무럭 자라게 했지요. 강과 호수도 풍요로움으로 가득 차 있소. 나는 강에서 물고기를 훔쳐다가 우리 집 연못에 잡아넣었소. 또 그물로 울타리를 치고 호수에서 훔쳐온 물새를 잡아넣었소. 나는 이렇게 천지가 때를 따라 내놓은 것들을 훔쳤다오. 우리 집에 있는 것은 모두 이렇게 자연에서 훔쳐온 것이오. 내가 만든 것이 하나도 없고, 원래 내 것이었던 것도 없소."

국씨가 말을 이었다.

"옛말에 '땅에는 이용할 수 있는 풍부한 물질이 있다'는 말이 있소. 나는 땅에 있는 것들도 훔쳤소. 흙을 훔쳐서 집과 가축 우리를 지었고, 숲에서 야생 동물을 훔쳐다가 요리를 해먹기도 했소. 물이고 흙이고 동물이고 곡식이고 모두 천지자연의 것이지요. 내 것이라고 할 수 있는 것은 아무것도 없소. 사람은 모두 천지자연에서 훔친 것들로 먹고사는데 나는 그것들을 잘 훔쳐서 부자가 된 것이오. 천지자연은 누구의 소유물이 아니기 때문에 거기에서 무엇을 훔쳤다고 뭐라고 할 사람이 없소. 그런데 당신은 어리석게도 다른 사람의 금과 보물과 비단과 곡식을 훔쳤으니 그들에게 벌을 받은 것이 당연하지 않겠소? 그러니 누구를 원망하겠소?"

상씨는 국씨가 자기를 헷갈리게 하고 있다고 생각했다. 그래서 집으로 돌아오는 길에 현인으로 알려진 동곽東郭 선생을 찾아가 자초지종을 이야기하고 국씨의 말이 사실인지를 물었다. 그러자 동곽 선생이 말했다.

"국씨가 '훔쳤다'고 말하는 것은 실제로 도둑질을 했다는 뜻이 아니라네. 그는 우리의 삶을 풍요롭게 해줄 수 있는 것들이 천지자연에 수북하게 쌓여 있지만 그것이 자기 소유가 아니기 때문에 훔쳤다고 말한 것이라네. 그대의 몸도 자연에서 훔쳐온 것이고, 생명도 천지 기운의 조화를 훔쳐온 것이 아니겠는가? 그대의 몸과 생명도 훔쳐온 것일진대, 하물며 집이나 곡식이나 가축이 어찌 자연에서 훔쳐온 것이 아니겠는가? 천지자연의 것을 훔치는 것은 누구나 하는 일이지. 국씨는 이렇게 누구나 하는 도둑질을 했기 때문에 벌을 받지 않았지만, 그대는 욕심을 내서 다른 사람이 하지 않는 도둑질을 했기 때문에 죄값을 치르게 된 것이라네. 이게 자연의 법도라네. 그러니 자연의 법도를 아는 사람은 당연히 공적인 도둑질을 하겠지만, 개인적인 욕심에서 남의 것을 훔치지는 않겠지."

제2편 황제黃帝

황제의 깨달음

꿈의 나라

황제黃帝가 임금의 자리에 오른 지 십오 년이 되었다. 그는 온 나라를 둘러보며 자신이 이루어 놓은 일을 살펴보았다. 임금은 백성과 신하들이 자기를 존경하고 자기 말에 잘 순종하고 있는 것을 보고 마음이 흡족했다. 그러나 문제는 자기 몸과 마음이었다.

나라를 다스리는 데 혼신의 힘을 기울인 결과 나라는 잘 다스려졌지만 자기의 몸과 마음은 지칠 대로 지쳐 있었던 것이다. 그래서 황제는 자신의 몸과 마음을 보살피는 데 힘을 써야겠다고 생각했다.

황제는 일단 쉬면서 진수성찬과 온갖 몸에 좋다는 보약을 먹고 아름다운 음악과 놀이를 즐기며 잠도 충분히 잤다. 그럼에도 불구하고 피부는 탄력을 잃고 검게 변했으며 감각도 무뎌져갔다. 머릿속은 짙은 안개가 낀 것처럼 답답했고 감정도 조절하기가 어려웠다. 황제는 한숨을 내쉬면서 말했다.

"내가 너무 욕심을 부렸어. 나를 너무 가혹하게 부려먹었어. 그러니 몸과 마음이 이 꼴이 된 것이 당연하지."

황제는 궁전을 떠나기로 결심했다. 그래야 나라를 염려하는 마음에서 벗어나 숨통이 트일 것 같았다. 마침내 황제는 모든 정무를 던져버리고 궁전을 떠나 변두리 땅에 있는 작은 오두막에서 조용히 생활했다. 시중드는 시녀도 모두 거절하고 음악과 놀이도 멀리했다. 음식도 아주 간소하게 바꿨다. 이렇게 몸과 마음을 가다듬으며 석 달이 지난 어느 날, 황제는 낮잠을 자다가 꿈속에서 서쪽에 있는 신비로운 나라를 구경하게 되었다.

그 나라는 너무 먼 곳에 있었기 때문에 배와 수레로는 도저히 갈 수가 없고 오직 꿈속에서나 가볼 수 있는 곳이었다. 그 나라에는 통치자도 없었고 가르치는 선생이나 지도자도 없었다. 누가 누구보다 더 지혜롭지도 않았고 누가 누구보다 더 우둔하지도 않았다. 모두 똑같이 태어난 그대로 자연스럽게 살고 있었다. 살아 있다고 즐거워하지도 않고 죽는다고 두려워하지도 않으면서 넉넉한 마음으로 살고 있었다. 선입관이나, 좋아하거나 싫어하는 것도 없었으며, 사랑이나 미움에 대한 관념도 없었다. 특별히 마음을 두거나 특별히 반대하는 것도 없었다. 무엇이 손해거나 이익이라는 생각도 없었다. 한마디로 아무런 분별심 없이 자연스럽게 살고 있었다.

그곳 사람들은 물속에 들어가도 빠지지 않았고, 불속에 들어가도 데지 않았다. 칼로 베어도 상처가 나지 않았으며, 무엇에 찔려도 아픔을 느끼지 않았다. 땅 위에서 걷는 것처럼 허공에서 걸어 다니며, 침상에 누운 것처럼 하늘 위에서 누워 잤다. 구름과 안개가 아무리 짙게 드리워져 있어도 앞을 밝게 내다보았고, 천둥이 아무리 큰 소리로 울려도 듣는 데 아무 지장이 없었다. 좋다 나쁘다는 관념이 없기 때문에 어떤 것도 그들의 판단을 어지럽히지 못했다. 그들은 몸이 아니라 마음으로 움직였다. 그래서 아무리 높은 산이나 아무리 깊은 계곡도 그들이 움직이는 데 전혀 방해가 되지 않았다.

꿈에서 깨어난 황제는 눈가리개가 떨어져 나간 것처럼 시원한 깨달음을 얻었다. 그는 측근 세 장관을 부른 다음 그들에게 말했다.

"나는 나라를 잘 다스리고 나의 건강도 보살필 수 있는 가장 좋은 방법이 무엇인지를 찾으며 석 달을 보냈지만 내 머리로는 도무지 그 방법을 알 수가 없었소. 그러나 꿈을 꾸고 깨달았소. 도道는 머리로는 결코 알 수 없는 것이오. 머리의 작용이 멈춰야만 깨달을 수 있소. 나는 그것을 체득했소. 하지만 그대들에게 말로 전할 수는 없구려."

황제는 이렇게 말한 다음 천로天老, 역목力牧, 태산계太山稽, 세 장관에게 자기의 꿈 이야기를 들려주었다.

이후 이십팔 년 동안 세상은 황제가 꿈에서 보았던 신비한 나라처럼 평화로웠다. 황제가 세상을 떠나자 백성들은 위대한 지도자를 잃은 슬픔에 이백 년 동안이나 눈물을 거두지 않았다.

※꿈에 황제가 구경한 나라는 태고에 무위無爲로 나라를 다스렸다고 하는 화서華胥씨의 나라다. 화서지몽華胥之夢의 유래가 되는 이야기다. 역자 주

하늘의 기운이 들어갈 틈

　열자는 성이 상商씨인 신비한 노인의 제자가 되어 가르침을 받았다. 같은 문하에 백고자伯高子라는 친구가 있었는데, 열자는 스승과 친구가 알고 있는 모든 도술을 배운 다음 바람을 타고 집으로 돌아왔다.
　윤생尹生이라는 사람이 그 소문을 듣고 바람을 타는 도술을 배우기 위해 열자의 제자로 입문했다. 윤생은 열자의 집에 머물면서 가르침을 청했다. 몇 달 동안 집안일도 내팽개쳐두고 바람 타는 도술을 배우기 위해 열자를 끈질기게 졸라댔다. 그러나 열자는 그의 말을 들은 척도 하지 않았다. 화가 난 윤생은 떠날 뜻을 비쳤다. 그래도 열자는 이렇다 저렇다 말이 없었다. 윤생은 열자의 집을 나왔다. 홧김에 열자의 집을 나오기는 했지만 바람을 타는 도술에 대한 미련을 버릴 수가 없었다. 그래서 몇 달이 지난 다음 다시 열자를 찾아가 제자로 받아 달라고 청했다.
　열자가 말했다.
　"자네는 왜 이리 들락날락하는가?"
　윤생이 대답했다.
　"지난번에 여러 달 동안 선생님께 가르침을 청했지만 선생님은 들은 척도 하지 않으셨습니다. 그래서 화가 나서 떠났지요. 그런데 곰곰이 생각해보니 제가 인내심이 부족했고 사리 분별도 제대로 못 했다는 것을 깨달았습니다. 그래서 다시 돌아온 것입니다. 부디 저를 제자로 받아주십시오."

열자가 말했다.

"나는 자네를 매우 총명한 사람이라고 생각했는데 이제 보니 어리석기 짝이 없는 사람이었군. 자 이리 와 앉게! 내가 스승님께 배운 것을 알려주겠네."

열자가 말했다.

"나는 상씨 노인을 스승으로 섬기고 백고자를 도반으로 사귀면서 열심히 몸과 마음을 닦았네. 그렇게 삼 년이 지나자 옳고 그름을 분별하는 것을 두려워하게 되었고, 이해득실을 따지는 말을 감히 할 수 없게 되었네. 그러자 스승께서 곁눈질로 흘낏 나를 바라보시고 저런 친구도 있구나 하는 정도의 반응을 보이셨네.

오 년이 지난 다음에 나는 옳고 그름을 분별하고 아무 거리낌 없이 말할 수 있게 되었네. 스승께서는 싫고 좋은 것을 거침없이 표현하는 나를 보고 빙그레 웃으시는 정도였네.

칠 년이 지난 다음에는 옳고 그름을 따지지도 않고 마음이 가는 대로 내버려두었네. 무엇을 좋아하거나 싫어하는 감정도 완전히 사라져 버렸네. 스승께서는 그제야 나를 당신 옆에 앉게 하셨네.

구 년이 지난 다음에는 마음 가는 대로 생각하고 하고 싶은 대로 말을 해도 그것이 잘한 일인지 못한 일인지, 이로운 것인지 해로운 것인지를 전혀 의식하지 않게 되었네. 누가 스승이고 누가 친구인지에 대해서도 전혀 의식하지 않게 되었네. 자타와 내외를 구분하는 의식이 완전히 사라져버린 것이지.

그때부터 내 몸이 밝고 가벼워졌네. 나는 눈으로 귀처럼 듣고, 귀로 눈처럼 볼 수 있었네. 또 입으로 코처럼 냄새를 맡고 코로 입처럼 맛볼 수 있었네. 이처럼 오관伍官이 하나로 통했고, 정신이 하나로 모아져 몸을 의식하지 않는 상태가 되었네. 몸이 무엇에 의지하고 발이 무엇을 딛고 있는지도 모르고, 몸이 가랑잎처럼 가벼워져서 바람 부는 대로 동쪽으로도 가고 서쪽으로도 갔네. 내가 바람을 타고 있는 것인지, 바람이 나를 타고 있는 것인지조차 의식하지 못하는 경지에 이르렀네."

열자는 이렇게 말한 다음 윤생을 바라보며 말을 이었다.

"그런데 자네는 어떤가? 내 집에 온 지 얼마나 되었다고 가르쳐주지 않는다고 불평하며 왔다 갔다 한다는 말인가! 그래서야 천지의 기운을 손톱만큼이라도 받아들일 수 있겠는가? 그대의 몸속에 하늘의 기운이 들어갈 틈이 있는가? 그렇게 무거운 몸을 가지고서 어찌 바람을 타고 하늘을 날 생각을 한다는 말인가?"

윤생은 이 말을 듣고는 너무 부끄러워서 다시는 바람을 타고 하늘을 나는 방법을 묻지 못했다.

만물의 근원에 도달할 때

열자가 현인 관윤關尹에게 여쭈었다.

"지고한 깨달음을 얻은 도인道人은 물속에 들어가 있어도 숨이 막히지 않고, 불을 밟고 걸어 다녀도 데지 않으며, 까마득하게 높은 허공에서 땅을 내려다봐도 떨지 않는다고 들었습니다. 도대체 어떻게 해야 그런 경지에 도달할 수 있는 것입니까?"

관윤이 말했다.

"기술이나 용기가 있어서 그렇게 할 수 있는 것이 아닙니다. 몸속에 있는 순수한 기운을 잘 보존하고 정신을 흐트러트리지 않기 때문에 그렇게 할 수 있는 것이지요. 사물은 저마다 다른 모양과 색깔과 소리를 가지고 있습니다. 이처럼 모양과 색깔과 소리가 다르기 때문에 사물이 서로 구별되는 것입니다. 그런데 모양과 색깔과 소리가 무엇입니까? 그것은 사물의 겉으로 드러난 성질에 지나지 않습니다. 이처럼 겉으로 드러난 성질 밑에는 하나의 공통된 근원이 있습니다. 모든 사물이 이 하나의 근원에서 갈라져 나온 것이지요. 당신이 만약 외적인 현상의 배후에 있는 이 하나의 근원에 도달한다면, '나'와 '이것'과 '저것'의 분별이 사라지고 모든 것이 하나로 어우러질 것입니다. 그렇게 되면 당신은 물과 하나가 되면 물속에서도 숨이 막히지 않고, 불과 하나가 되면 불을 밟고 걸어 다녀도 데지 않겠지요.

만물의 근원과 하나가 된 사람이야말로 지고한 깨달음을 얻은 도인입니다. 이런 사람은 시작도 없고 끝도 없는 근원에 머물면서, 만물이 이음새가 없는 고리처럼 반복해서 나타나고 사라지는 현상을 즐기지요. 도인은 타고난 본성을 순수하게 지키면서 생명의 기운[氣]을 강화하고 내면의 힘[德]을 쌓습니다. 지고한 깨달음을 얻은 도인은 자연의 법칙을 거스르지 않고 그 흐름과 하나되어 흘러갑니다. 그래서 외적인 상황이나 사물로 인해 정신이 어지러워지지 않고 몸도 상하지 않는 것입니다.

가령 잔뜩 술에 취한 사람이 수레를 타고 가다가 길바닥으로 떨어졌다고 합시다. 보통 사람 같으면 뼈가 부러지고 잘못하면 목숨을 잃을 수도 있지만, 술취한 사람은 크게 다치지도 않고 죽지도 않습니다. 술취한 사람에게는 다친다거나 위험하다는 의식이 없기 때문입니다. 그에게는 자기가 수레를 타고 가는지 또는 수레에서 떨어졌는지에 대한 의식이 전혀 없습니다. 그러나 외적인 상황에 대한 의식이 있는 사람은 그 상황의 영향을 받습니다. 그래서 물에 들어가면 숨이 막히고 불을 밟으면 데는 것입니다. 술에 취해 의식을 잃어도 외적인 상황의 영향에서 멀리 벗어나는데, 하물며 만물과 하나되어서 분별 의식이 없는 도인을 누가 또는 무엇이 해칠 수 있겠습니까?"

※ 관윤關尹은 국경 검문소[關] 소장 윤尹씨라는 뜻이다. 『사기史記』에는 그가, 노자가 어지러운 세상을 떠나 서쪽 나라로 가기 위해 국경 검문소를 통과할 때 노자에게 간청하여 『도덕경』을 쓰도록 한 사람으로 나온다. 본명은 윤희尹喜이며, 현인이었기 때문에 존칭으로 관윤자關尹子라고 부르기도 한다. 역자 주

진정한 달인

하루는 열자가 도반인 백혼무인 앞에서 자랑삼아 활 쏘는 시범을 보였다. 시위를 한껏 당기자 왼쪽 팔은 멋지게 수평이 되었다. 열자는 백혼무인에게 왼쪽 팔 위에 물잔을 올려놓아 보라고 했다. 팔 위에 물잔을 올려놓아도 물잔이 흔들리지 않았다.

첫 번째 화살이 시위를 채 떠나기도 전에 두 번째 화살을 메길 정도로 활 쏘는 속도도 빨랐다. 세 발을 쏘았는데 세 발 모두 한가운데 명중했다. 활을 쏘는 동안 열자의 얼굴은 마치 나무 인형처럼 표정의 변화가 없었고 몸도 꼿꼿한 자세로 전혀 흔들리지 않았다. 왼쪽 팔에 올려놓은 물잔도 그대로 있었다.

이런 놀라운 활 솜씨를 보고도 백혼무인은 전혀 감동하지 않았다. 백혼무인이 말했다.

"자네가 지금 나에게 보여준 활 솜씨는 눈과 손으로 쏘는 활 솜씨지 마음으로 쏘는 활 솜씨는 아니라네. 진정한 활의 달인은 눈과 손이 아니라 마음으로 활을 쏜다네. 한 번 산꼭대기 낭떠러지 위에서 지금처럼 활을 쏴보게나. 거기서도 지금처럼 쏠 수 있다면 내가 자네의 활 솜씨를 인정하겠네."

두 사람은 높은 산으로 올라가 낭떠러지 위에 섰다. 백 길이나 되는 낭떠러지 아래로 호수가 있었다. 백혼무인은 낭떠러지 끝으로 가더니 낭떠러지 끝을 발끝으로 밟고 등을 뒤로 하고 서서 열자에게도 자기처럼 서 보라고 했다. 열자는 심장이 떨렸다. 몸에서는 식은땀이 줄줄 흘렀다.

그것을 보고 백혼무인이 말했다.

"진정한 활의 달인은 어떤 상황에서도 마음이 흔들리지 않고 활을 쏠 수 있네. 눈앞에 푸른 하늘이 보이든 지옥이 보이든 마음이 흔들리지 않고 활을 쏜다네. 죽음도 그의 마음을 흔들지 못한다네. 그런데 자네는 어떤가? 아까는 자신만만하더니 지금은 부들부들 떨면서 똑바로 서 있지도 못하지 않는가? 그러니 어찌 활을 쏠 수 있으며, 또 쏜다고 한들 어찌 명중시킬 수 있겠는가?"

믿고 그대로 했을 뿐

　범范씨 가문은 진晉나라의 명문 집안이었다. 그 집안에 자화子華라는 세도가가 있었다. 그는 아무런 벼슬도 없었지만 임금의 총애를 받고 있었기 때문에 그 영향력이 세 사람의 재상을 능가할 정도였다.
　자화가 한 번 호의적인 눈길을 주면 그 사람이 불량한 사람일지라도 나라에서 벼슬을 주었고, 그가 마땅치 않은 소리라도 한마디하면 누구라도 벼슬에서 쫓겨났다. 세도가 이 정도다보니 그의 집 문전을 출입하는 사람의 수가 조정을 출입하는 사람의 수를 넘어설 정도였다.
　자화의 집에는 늘 식객이 우글거렸다. 자화는 그들에게 힘과 지혜를 겨루게 하고 우열을 다투게 하는 일을 즐겼다. 힘겨루기를 하다가 다치거나 죽는 일이 있어도 전혀 상관하지 않았다. 그래서 그의 집에서는 힘이 센 사람이 약한 사람을 괴롭히고 머리 회전이 빠른 사람이 둔한 사람을 조롱하는 일이 당연한 것으로 받아들여지고 있었다. 한 나라 세도가의 집안 풍조가 이렇다보니, 힘을 겨루고 우열을 다투는 일이 나라 전체에 유행처럼 번졌다.
　어느 날 자화의 집에서 식객으로 있으면서 자화로부터 우대를 받던 두 사람이 여행을 하다가 날이 저물어 시골 사람 상구개商丘開의 집에서 하룻밤을 지내게 되었다. 그들은 밤이 늦도록 자기들이 섬기는 어른인 자화에 대한 이야기를 주고받았다.

그들은 자화가 산 사람도 죽일 수 있고 죽을 사람도 살릴 수 있으며, 부자를 가난뱅이로 만들 수도 있고 가난뱅이를 하루아침에 부자로 만들 수도 있는 분이라며 입에 침이 마르도록 칭찬했다. 상구개는 그들이 하는 얘기를 자연스럽게 엿듣게 되었다. 가난에 지친 늙은 농부 상구개는 '자화 영감 댁에 가서 일꾼이 되어 일을 하면 굶주림과 추위는 벗어날 수 있겠구나'라고 생각했다.

다음날 두 사람이 떠난 다음, 상구개는 이웃에게 노자와 양식을 빌려 보따리에 싸서 둘러메고 밀짚모자를 쓰고 자화의 저택을 향해 길을 떠났다. 자화의 집에 도착해보니 그 집 식객들은 모두 이름 있는 집안 출신들이었다. 좋은 비단옷을 입고 멋진 수레를 타고 다녔다. 느릿느릿 팔자걸음을 걸으며 주위를 내려다보는 듯한 오만한 몸짓이 몸에 배어 있는 사람들이었다.

반면에 상구개의 꼴은 말이 아니었다. 몸은 늙어 허약하고 얼굴은 햇볕에 새까맣게 그을어 있었으며 옷은 넝마에 가까웠다. 그러니 힘을 제일로 치는 자화의 집에서 그를 깔보고 조롱하지 않는 사람이 없었다. 지나가면서 머리를 툭툭치는 사람이 있는가 하면 지저분한 늙은이라고 대놓고 멸시하는 사람도 있었다. 그러나 상구개는 그들이 뭐라고 하든 어떻게 조롱하든 한 번도 성을 내지 않고 다 받아들였다. 그러다보니 나중에는 그를 놀리던 사람들이 흥미를 잃었는지 조롱하기를 멈췄다.

어느 날 자화의 집에 있는 식객들이 높은 누각에서 서로 힘자랑을 하고 있었다. 그러다가 어떤 사람이 농담으로 "여기서 저 아래로 뛰어내리는 사람에게 금화 백 냥을 주겠다"고 말했다.

사람들이 정말로 금화 백 냥을 주겠느냐고 따지고 있는 사이, 그 자리에 있던 상구개가 농담을 곧이곧대로 믿고 난간으로 가서 누각 아래로 훌쩍 뛰어내렸다. 그는 마치 새처럼 가볍게 땅바닥에 내려앉았다. 아무 데도 다치지 않았다. 사람들은 모두 놀란 눈으로 서로 얼굴을 쳐다보았다. 하지만 어쩌다 운이 좋아서 그렇게 된 것이려니 하고 생각했다.

하루는 자화의 집에 있는 식객들이 상구개를 골탕 먹일 생각으로 그를 물이 깊고 물살이 거센 강으로 데려가서 "저 강 밑바닥에 큰 진주가 있는데, 누구든지 들어가서 건지는 사람이 임자다"라고 했다. 그 말이 떨어지기가 무섭게 상구개가 물속으로 뛰어들었다. 잠시 후 상구개는 반짝반짝 빛나는 큰 진주를 손에 들고 물 위로 헤엄쳐 올라왔다. 그날 이후 자화의 집 식객들은 상구개를 다르게 보기 시작했다. 자화는 이 이야기를 듣고 상구개에게 좋은 옷을 주고 좋은 음식을 먹을 수 있도록 배려했다.

그러던 어느 날 밤에 자화의 집 비단 창고에 불이 났다. 그냥 내버려두었다가는 큰 재산을 잃을 판이었다. 하지만 어떻게 해볼 도리가 없을 정도로 불길이 거셌다. 그때 자화가 말했다.

"누구든지 저 안에 들어가서 비단을 꺼내오는 사람에게는 꺼내온 양에 따라 큰 상을 내리겠다."

상구개는 이 말이 떨어지기가 무섭게 불길을 뚫고 창고 안으로 뛰어들어가 비단 두루마리를 메고 나왔다. 이렇게 불길 속으로 들어갔다 나오기를 여러 번 했지만 재도 뒤집어쓰지 않고 불에 데지도 않았다. 구경하던 모든 사람은 상구개가 틀림없이 도인일 것이라고 생각했다.

이 사건 이후 상구개는 존경과 감탄의 대상이 되었다. 전에는 상구개를 조롱했던 무리가 이제는 그에게 머리를 숙이고 말했다.

"어르신, 저희가 어르신께서 도통한 분이라는 것을 모르고 불손하게 굴었던 점을 용서해주시기 바랍니다. 도인을 몰라보다니…, 저희가 정말 눈 먼 장님이고 귀 먼 귀머거리였습니다. 바라옵건데 허공을 날고, 물속에 들어가고, 불속을 통과하는 방법을 가르쳐주십시오."

상구개가 대답했다.

"내게 무슨 도술이 있는 것이 아닙니다. 나는 도술을 배운 적도 없고 내가 하는 일이 도술이라고 생각한 적도 없습니다. 나는 그저 들은 것을 그대로 믿었을 뿐입니다. 전에 저의 집에서 하룻밤 지내고 간 두 손님이 자화 어른을 섬기면 큰 행운이 있을 것이라는 얘기를 나누는 것을 들었습니다. 나는 그 말을 그대로 믿고 다음날 날이 밝자마자 보따리를 싸가지고 이곳으로 달려왔습니다. 여기 와서도 선생들의 말을 모두 진실이라고 믿었습니다. 누구의 말이든지 이해득실을 따지지 않고 그대로 믿고 그대로 했지요. 누각에서 뛰어내릴 때도 뛰어내리면 금화 백 냥을 얻어 가난을 면하게 될 것을 의심하지 않고 뛰어내렸고, 물속에 뛰어들 때도 들어가면 진주를 건져올 것을 의심하지 않고 뛰어들었지요. 불속에 들어갔던 것도 마찬가지입니다. 그런데 그런 일이 모두 저를 골탕먹이려고 했던 일이었다는 것을 알게 된 다음부터는 여러분의 말을 의심하는 버릇이 생겼습니다. 그리고 누각에서 뛰어내렸을 때 뼈가 부러지지 않고, 물에 뛰어들었을 때 빠져 죽지 않고, 불길 속에 들어갔을 때 타 죽지 않은 것이 큰 다행이라는 생각이 듭니다. 지금은 그때 생각만 해도 등골이 오싹합니다."

공자의 제자 재아宰我가 이 소문을 듣고 공자에게 전했다. 그 이야기를 들은 공자가 말했다.

"자네는 왜 그것을 모르는가? 무릇 지극한 마음을 갖고 있는 사람에게는 하늘과 땅이 감동한다네. 털끝만큼도 의심하지 않고 믿는 사람은 하늘과 땅을 움직일 수 있고 귀신도 감동하는 법이지. 어디를 다녀도 아무것도 그를 막지 못한다네. 아무리 험한 곳이라도 그에게는 전혀 위험하지 않고 물과 불도 해를 입히지 못하지. 상구개는 다른 사람이 골탕먹이려고 했던 말을 굳게 믿었는데도 사물이 그를 거스르지 못했거늘, 하물며 진실을 진실되게 믿을 때에는 어떻게 될지 말해 무엇하겠는가?"

너무 불만족스럽지도 너무 만족스럽지도

주周나라 왕궁의 동물 사육원에 양앙梁鴦이라는 사육사가 있었는데, 그는 야생 조수를 길들이는 재주가 뛰어났다. 개나 말 같은 동물은 물론이고, 호랑이나 늑대 같은 맹수와, 독수리와 매처럼 사나운 새 등 길들이지 못하는 것이 없었다. 여러 종류의 야생 동물이 한 우리 안에 살면서도 서로 싸우는 일이 없었고, 그가 옆에 있어도 경계하거나 두려워하지 않고 암수가 짝짓기를 할 수 있을 정도였다.

그가 죽으면 그 뛰어난 솜씨가 끊어지게 될 것을 염려한 임금은, 모구원毛丘園이라는 신하를 양앙의 조수로 임명하여 그 솜씨를 배우게 했다. 모구원이 야생 동물을 어떻게 길들이느냐고 묻자 양앙이 말했다.

"동물을 길들이는 데 무슨 특별한 재주가 필요한 것은 아닙니다. 하지만 제가 특별한 재주가 없다고 말하면 임금께서 제가 재주를 숨긴다고 여겨서 노하실지도 모르니 호랑이를 기르는 요령만 한 가지 말씀드리겠습니다. 동물들은 아주 단순한 본성을 가지고 있습니다. 비위를 건드리면 화를 내고 비위를 맞춰주면 잠잠해지지요. 이유 없이 화를 내거나 이유 없이 좋아하지 않습니다. 야생 동물을 길들이기 위해서는 동물의 이러한 본성을 잘 알고 있어야 합니다. 그들이 무엇을 좋아하고 무엇을 싫어하는지를 알고 그들이 싫어하는 짓만 안 하면 아무리 사나운 동물이라도 화를 내지 않습니다.

옛날부터 호랑이를 기르는 사람은 호랑이에게 살아 있는 먹이를 주지 않았습니다. 살아 있는 먹이는 호랑이의 살기를 자극하기 때문이지요. 또한 단단하고 질긴 먹이도 주지 않습니다. 그런 먹이를 부수고 찢으면서 공격성이 커지기 때문입니다. 그리고 너무 심하게 배가 고파지기 전에, 배가 슬슬 고프겠구나 싶을 때 먹이를 줍니다. 그러면 먹이를 주기 위해 우리에 들어가도 사납게 달려들지 않습니다. 이런 일을 반복하다보면 먹이 주는 사람을 위협하지 않고 오히려 반갑게 대하지요. 먹이를 주는 사람에게 유순하게 순종한다는 점은 호랑이와 사람이 같습니다. 하지만 사람은 체면도 차리고 배고파도 좀 참을 줄 알지만 호랑이는 그렇지 않습니다. 그러므로 호랑이의 본성을 잘 이해하고 그 본성을 자극하지 않는 것이 중요합니다.

또 한 가지 꼭 말씀드리고 싶은 것은, 저는 호랑이가 화를 내지 않도록 조심하지만 그렇다고 늘 호랑이의 비위를 맞춰주는 것은 아닙니다. 그들도 사람처럼 충분할 정도로 만족스러우면 기뻐하고 흥분합니다. 그런데 기뻐서 흥분한 기운이 어느 순간에 분노의 에너지로 돌변하는 경우가 있기 때문입니다. 그러므로 너무 불만족스럽지도 않고 너무 만족스럽지도 않게 균형을 맞춰주는 일이 중요합니다. 아무리 사나운 맹수라도 너무 만족스럽게 하지도 않고 너무 불만족스럽게 하지도 않으면, 제가 옆에 가도 자기 친구처럼 여기고 크게 신경을 쓰지 않습니다. 그래서 여기 사육원에 있는 새와 동물은 그냥 이곳을 편하게 느끼고, 문을 열어놓아도 야생으로 다시 돌아갈 생각을 하지 않는 것입니다."

몸으로 체득해야

공자의 제자 안회顔回가 공자에게 여쭈었다.

"제가 얼마 전에 배를 타고 강을 건넌 적이 있는데, 물살이 세어서 배를 다루기가 힘든 곳이었습니다. 그런데 사공의 노 젓는 솜씨가 그야말로 귀신같았습니다. 그래서 아주 쉽게 강을 건넜습니다. 사공의 노 젓는 솜씨가 하도 놀라워서 당신처럼 노 젓는 법을 배울 수 있느냐고 물었지요. 그랬더니 그는 누구라도 배울 수 있으며, 특히 헤엄을 칠 줄 아는 사람은 쉽게 배울 수 있다고 하더군요. 그리고 헤엄도 칠 줄 알고 잠수도 할 줄 아는 사람은 전에 배를 본 적조차 없어도 금방 배울 수 있다고 하더군요. 그래서 제가 그 까닭을 물었지만 그 사공은 아무런 말이 없었습니다. 그가 말한 것이 무슨 뜻인지 알 것 같으면서도 모르겠습니다. 그래서 이렇게 선생님께 여쭙는 것입니다."

공자가 대답했다.

"음, 자네는 나와 함께 있으면서 남이 쓴 글을 열심히 공부했지만 실제로 몸으로 체득한 것은 없다는 점이 문제로군. 헤엄을 칠 줄 아는 사람은 물의 성질을 이해하고 있다네. 헤엄을 잘 치는 사람은 물속에서 물의 성질에 맞춰 자연스럽게 움직이지. 그는 자기가 물속에 있다는 것을 의식하지도 않지. 이렇게 물의 성질을 잘 알고 있기 때문에 배 다루는 법도 쉽게 배울 수 있다네. 또 잠수를 할 수 있는 사람 역시 배를 한 번도 본 적이 없어도 배 다루는 법을 쉽게 배울 수 있지. 그는 깊은 바다라도 땅처럼 느끼기에 마음이 흔들리지 않는다네. 물속에 들어가는 것이 무섭기는커녕 오히려 편안하게 느낄 정도겠지. 그러니 배가 뒤집히려고 해도 두려워하지 않고 노를 저을 수 있지 않겠느냐?"

공자가 말을 이었다.

"자네는 아마 기왓장같이 별것 아닌 것을 걸고 게임을 하면 잘할 것이네. 하지만 자네 허리띠에 붙어 있는 금장식을 걸고 내기를 하면 마음이 동요하기 시작하고, 큰돈을 걸었다면 마음이 오그라들어 제 실력을 발휘할 수 없을 것이네. 그것은 자네 솜씨가 갑자기 없어져서 그런 것이 아니라 외적인 상황의 영향을 받아 마음이 흔들리기 때문이지. 외적인 상황으로 인해 마음이 흔들리면 험한 물에서 배 다루는 일은 물론이고 아무것도 제대로 할 수 없다네. 외적인 것을 중히 여기면 내면이 흔들리고, 내면이 흔들리면 외적인 상황도 엉망진창이 되는 법이지."

천성처럼

공자가 제자들과 함께 여량呂梁이라는 마을을 지나다가 어마어마하게 높은 폭포를 구경하게 되었다. 까마득한 절벽에서 떨어지는 물이 일으킨 거품이 삼십 리나 흘러갈 정도로 엄청난 폭포였다. 그 폭포는 거북이나 자라나 큰 물고기도 헤엄을 치지 못할 정도로 물살이 거셌다.

폭포의 거대한 장관을 보고 있는데 저쪽에서 어떤 사람이 폭포 아래로 뛰어들었다. 그리고 거세게 이는 물거품 사이로 그 사람의 모습이 언뜻 보였다 사라지기를 반복했다. 공자는 그 사람이 삶을 비관하고 자살하려고 물에 뛰어들었다고 생각하고 제자들을 시켜 그 사람을 구출하도록 했다. 제자들은 재빨리 강둑으로 내려가서 그 사람을 구출할 준비를 했다. 그런데 그 사람은 저만치 아래에서 강둑으로 올라오더니 젖은 머리를 털고 노래를 부르며 걸어가는 것이었다. 공자와 제자들은 매우 놀랐다.

공자는 방금 자기가 본 것을 믿을 수가 없었다. 그래서 그 사람을 쫓아가서 말을 걸었다.

"이 강은 거북이나 자라나 물고기도 헤엄칠 수 없는 급류인데 당신이 여기로 뛰어들었기에 나는 당신이 무슨 어려운 일이 있어서 자살하려는 사람인 줄 알았소. 그런데 당신은 유유히 헤엄쳐 나와 아무 일도 없었다는 듯이 노래를 부르며 즐거워하더군요. 그 모습을 보고 나는 당신이 귀신인 줄 알았소. 그런데 이렇게 가까이 와서 보니 귀신이 아니구려. 아니 도대체 이런 급류에서 어떻게 헤엄을 칠 수 있는 것입니까?"

그 사람은 긴 머리를 풀어헤친 채 말했다.

"무슨 특별한 방법이 있는 것은 아닙니다. 저는 그저 물속에 있을 때 물과 싸우지 않을 뿐입니다. 저는 제 힘이나 기술로 헤엄을 치지 않습니다. 물의 흐름에 저항하지 않고 그 흐름에 따라 물속으로 들어가기도 하고 떠오르기도 할 뿐이지요. 저는 제가 가지고 태어난 소질로 자연스럽게 헤엄치는 것을 배우기 시작했고, 그것이 오래되다보니 헤엄치는 것이 습관처럼 자연스러운 것이 되었으며, 그러다보니 헤엄치는 것이 천성처럼 되었답니다."

공자가 물었다.

"가지고 태어난 소질로 자연스럽게 헤엄치는 것을 배우기 시작했고, 그것이 오래되다보니 헤엄치는 것이 습관처럼 자연스러운 것이 되었으며, 그러다보니 헤엄치는 것이 천성처럼 되었다는 말이 무슨 뜻입니까?"

긴 머리의 사나이가 대답했다.

"그것은 제가 만물의 자연스러운 본성을 따른다는 뜻입니다. 자연스러운 본성이란 타고나는 것이지요. 제가 만약 험한 산악 지대에서 태어났다면 험준한 산에서도 편안하게 지낼 수 있었을 것입니다. 이것이 제가 가지고 태어난 소질로 자연스럽게 헤엄치는 것을 배우기 시작했다는 말의 뜻입니다. 또 만약 바닷가에서 태어났다면 매일 바다에 들어가서 놀았을 것이고 그러다보면 바다에 들어가서 노는 것이 습관처럼 자연스러운 것이 되었을 것입니다. 이것이 오래되다보니 습관처럼 자연스러운 것이 되었다는 뜻입니다. 그리고 오랜 습관이 되면 무엇을 한다는 의식 없이 자연스럽게 하게 되지요. 이것이 제가 헤엄치는 것이 천성처럼 되었다고 말한 뜻입니다."

머릿속을 비우기 전에는 매미를 잡을 수 없다

공자가 초楚나라를 여행하는 중에 숲길을 지나다가 꼽추 영감이 매미를 잡고 있는 것을 보았다. 그런데 이건 매미를 잡는 것이 아니라 길에 떨어진 물건을 줍듯이, 허리춤에 차고 있는 자루에 매미를 그냥 주워 담고 있는 것이 아닌가?

공자가 신기해서 말을 건넸다.

"영감, 대단한 솜씨이시구려. 도대체 어떻게 매미를 그렇게도 쉽게 잡을 수 있는 것입니까?"

꼽추 영감이 대답했다.

"비결이 있지요. 매미 잡는 계절이 오기 전인 오월이나 유월쯤에 흙으로 둥근 공을 빚어서 공 위에 공을 올려놓는 연습을 하지요. 그래서 그게 떨어지지 않을 정도가 되면 매미를 쉽게 잡을 수 있지요. 열심히 연습해서 공 세 개를 겹쳐놓고도 떨어뜨리지 않을 정도가 되면 열 마리 가운데 한 마리 정도만 놓치는 수준이 된답니다. 그리고 공 다섯 개를 떨어지지 않게 겹쳐놓을 수 있을 정도가 되면 매미를 물건 줍듯이 잡을 수 있답니다. 몸은 나무꾼이 도끼로 나무 뿌리를 찍는 자세를 취하고 팔은 마른 나뭇가지처럼 벌리고 움직이지 않지요. 그리고 다른 생각은 다 지워버리고 오직 매미 날개만 생각합니다. 매미를 찾아 이리저리 돌아다니지도 않고 매미를 잡으려고 안달을 하지도 않습니다. 그러면 이렇게 매미를 주워 담듯이 잡을 수 있습니다."

이 말을 듣고 공자가 제자들에게 말했다.

"마음을 한곳에 집중하면 귀신처럼 된다더니, 이 꼽추 영감이 바로 그런 사람이구나."

꼽추 영감이 공자와 제자들을 훑어보더니 말했다.

"보아하니 당신들은 공부하는 선비들인 모양인데, 당신들처럼 아는 것이 많은 사람은 이런 것을 못 배웁니다. 당신들의 머릿속에 있는 것을 모두 지워버리기 전에는 죽었다 깨어나도 저처럼 매미를 잡을 수 없을 것입니다."

최고의 말과 행위

바닷가에 갈매기와 친구처럼 지내는 사람이 있었다. 그는 매일 바닷가로 나가 갈매기들과 사이좋게 지냈다. 갈매기들은 그를 친구처럼 여기고 그가 나타나면 떼로 몰려와서 어깨에 앉기도 하고 끼룩거리며 그의 주변에서 즐겁게 놀았다.

그러던 어느 날 그의 아버지가 말했다.

"네가 갈매기들과 친구처럼 지낸다는 소문이 있더구나. 나도 소일거리로 갈매기와 놀고 싶으니 한 마리만 잡아오지 않겠니?"

아들은 그리 어려운 일이 아니다 싶어서 아버지에게 갈매기를 잡아다줄 생각으로 바닷가로 나갔다. 그러나 갈매기들은 하늘을 맴돌 뿐 내려오지 않았다.

이래서 옛 사람들은 "소리로 내뱉지 않는 말이 최고의 말이며, 인위적인 욕심으로 억지로 하지 않는 행위가 최고의 행위"라고 말한 것이다.

무엇이 바위이고 무엇이 불인가요?

진나라 재상이었던 조양자趙襄子가 부하 10만 명을 이끌고 중산中山으로 사냥을 나갔다. 온 산을 헤집고 다녔지만 짐승 그림자도 발견하지 못했다. 그래서 숨어 있던 짐승들을 튀어나오게 하려고 산에 불을 질렀다. 연기와 함께 불길이 하늘로 치솟아 올랐다.

그때 저쪽 바위 절벽에서 무언가가 나오더니 연기와 함께 치솟아 오르는 불길 속을 오르락내리락하는 모습이 보였다. 사람들은 모두 괴물이 아닌가 했다. 불길이 사그라지자 정체불명의 그것은 아무 일도 없었다는 듯이 천천히 걸어 나왔다. 기이하게 생각한 조양자는 그 모습을 분별할 수 있을 만큼 가까이 다가가서 자세히 살펴보았다. 얼굴과 이목구비가 괴물이 아니라 틀림없는 사람이었다.

놀란 조양자가 그 사람에게 다가가서 물었다.

"아니 당신은 보아하니 사람인데 어떻게 바위 속에서 살고 불길 속을 왔다 갔다 할 수 있는 것이오?"

그 사람은 무슨 말인지 모르겠다는 표정으로 되물었다.

"무엇이 바위이고 무엇이 불인가요?"

조양자가 어이가 없다는 듯이 말했다.

"어허, 아까 당신이 나온 곳이 바위이고 당신이 조금 전에 지나온 곳이 불구덩이 아니오?"

그 사람이 대답했다.

"글쎄요, 저는 아무것도 모르고 있었습니다."

후에 이 이야기를 들은 위魏나라 임금 문후文侯가 마침 곁에 있던 공자의 제자 자하子夏에게 물었다.

"선생은 불길 속을 오르락내리락했다는 사람 얘기를 들은 적이 있소? 도대체 어떤 사람이기에 그럴 수 있는 것입니까?"

자하가 대답했다.

"저의 스승이신 공자님 말씀에 따르면 '만물과 조화를 이룬 사람은 어떤 것도 그를 해치지 않으며, 바위 속을 방 드나들듯이 드나들고, 불속을 걸어 다닐 수 있다'고 합니다."

그러자 문후가 궁금하다는 듯이 물었다.

"선생도 그와 같이 할 수 있습니까?"

"아니오. 저는 마음을 비우는 공부가 덜 되어서 그처럼 할 수 없습니다. 그렇다는 말만 전할 뿐이지요."

"그러면 당신의 스승이신 공자께서는 그렇게 할 수 있습니까?"

"예, 그렇게 할 수 있는 분이지요. 하지만 그런 특별한 행동을 하는 것을 좋아하시지 않습니다."

이 말은 들은 문후는 마음이 흡족했다. 그리고 더 이상 묻지 않았다.

가르침의 껍데기만 긁어모으면

사람의 미래를 귀신같이 알아맞히는 계함季咸이라는 제나라 무당이 정나라로 이사를 왔다. 그는 얼굴만 보고도 사람이 죽고 사는 것과 흥하고 망하는 것을 족집게처럼 알아맞혔다. 또 태어난 날과 죽는 날도 어느 해 어느 날 그렇게 될 것인지 귀신같이 알아맞혔다. 사람들은 그가 혹시라도 불길한 예언을 하지 않을까 두려워서 그를 피해 다니기도 했다.

열자는 그런 사람이 정나라에 왔다는 소문을 듣고 그를 찾아가 함께 지내면서 그의 신비한 능력을 자세히 관찰했다. 그의 능력에 감탄한 열자가 스승 호구자림을 찾아가서 말했다.

"저는 지금까지 천지의 신비를 선생님만큼 깊이 알고 계신 분이 없다고 생각했습니다. 그런데 이런 말씀을 드리는 것이 송구스럽지만 선생님보다 더 자세하게 알아맞히는 사람을 만났습니다."

호구자림이 말했다.

"자네는 도의 원리는 배웠지만 도를 실제로 사용하는 법은 아직 익히지 못했네. 자네는 지금까지 내 가르침의 껍데기만 긁어모았을 뿐이야. 새의 암컷이 아무리 많다고 해도 수컷 한 마리가 없으면 새끼를 까지 못하지. 자네는 지금 바로 그 꼴이야. 어디 그 용하다는 무당을 데려와보게. 그러면 자네처럼 겉으로 드러난 것만 보면 어떤 일이 벌어지는지 알게 될 게야."

다음날 열자가 그 무당을 호구자림에게 데려왔다. 무당만 호구자림의 방으로 들어가고 열자는 밖에서 기다렸다. 잠시 후 방에서 나오는 무당에게 호기심이 가득한 눈으로 열자가 물었다.

"우리 선생님 관상을 보니 어떻습니까?"

무당은 단호한 어조로 말했다.

"당신 선생님은 얼마 못 살고 곧 죽을 것입니다. 잘해야 열흘입니다. 그에게서 풍기는 기운이 시체처럼 생기가 전혀 없는 잿빛이었습니다."

열자는 하늘처럼 모시던 스승이 며칠 못 살고 죽을 것이라는 말에 가슴이 무너지는 듯이 슬펐다. 열자는 소매로 눈물을 훔치면서 방으로 들어가서 호구자림에게 무당이 한 말을 전했다.

그러자 호구자림이 말했다.

"내가 그에게 음기가 양기를 누르고 있는 모습을 보여주었지. 땅과 산처럼 움직이지 않고, 마치 시체가 앉아 있는 듯한 모습을 말이야. 그러니 내가 곧 죽을 상으로 보였겠지. 내일 그 무당을 한 번 더 데려와보게. 이번에는 또 뭐라고 할지 궁금하지 않은가?"

열자는 다음날 다시 무당을 데리고 호구자림의 집을 찾았다. 무당은 나오면서 열자에게 말했다.

"아, 정말 다행이오. 당신 선생님은 나를 만난 덕분에 살게 되었소. 생기가 살아나고 있는 모습이 확연하게 보입니다."

열자가 흥분해서 방으로 뛰어 들어가자 호구자림이 빙그레 웃으면서 말했다.

"오늘은 내가 그에게 양기가 음기를 누르고 활동을 시작하는 모습을 보여주었지. 정적 속에서 만물이 꿈틀거리며 태어나는 그 순간의 생명의 기운 상태지. 그것은 뭐라고 이름 붙일 수도 없고 설명할 수도 없지만, 그 기운이 발뒤꿈치로부터 올라와서 온몸을 가득 채우는 모습을 보여주었네. 그 사람은 그 모습을 보고 내가 살아나고 있다고 말한 것이라네. 다음에는 또 뭐라고 할지…. 그 사람을 내일 한 번 더 데려와보게."

열자는 다음날 무당을 데리고 다시 호구자림의 집을 찾았다. 무당은 나오면서 열자에게 말했다.

"당신 선생의 마음이 자꾸 흔들려서 상相을 읽을 수가 없었소. 당신 선생의 마음이 안정된 상태가 되면 그때 다시 봐야겠소."

열자가 들어가서 그 사실을 아뢰자 호구자림이 말했다.

"이번에는 내가 음기와 양기가 결합하고 있는 모습을 보여주었네. 음기와 양기가 결합하면 창조와 소멸의 과정이 끊임없이 이어지지. 무당은 아마 끊임없이 흐르고 변하는 모습을 보았을 것이야. 그래서 종잡을 수가 없었겠지. 내친김에 내일 그 무당을 한 번 더 데려와보게."

이번에는 무당이 호구자림을 보자마자 놀라서 자리에 앉기도 전에 정신없이 도망갔다.

호구자림이 열자에게 쫓아가보라고 했다. 열자가 재빨리 뒤를 쫓아갔다. 하지만 무당은 그림자도 보이지 않았다.

열자가 돌아와서 말했다.

"얼마나 빨리 도망갔는지 이미 보이지 않더군요."

호구자림이 말했다.

"나는 방금 전에 내가 아직 이 세상에 나오기 이전의 모습을 보여주었네. 모양도 없고, 소리도 없고, 냄새도 없는 근원을 보여주었네. 나는 만물 속으로 들어갔다 나왔다 하며 이리저리 흘러 다녔지. 그는 전에 이런 모습을 본 적이 없을 것이야. 그러니 놀라서 꽁무니가 빠지게 도망쳤겠지."

이날 열자는 '내 배움이 아직 시작도 못 한 것이었구나'라고 생각하며 집으로 돌아왔다. 그리하여 삼 년 동안 집 밖으로 한 발짝도 나가지 않고, 아내를 위하여 밥도 하고 빨래도 하면서 돼지를 길렀다. 돼지를 기르는 데에도 어린아이를 키우듯이 정성을 다했다. 모든 사람을 자기 가족처럼 대했고, 무엇을 하든지 성심성의껏 했다. 안다고 자부하던 생각도 버렸고, 옳고 그름을 따지는 마음도 버렸다.

열자는 곱게 꾸민 보석이 아니라 다듬지 않은 통나무같이 질박한 삶으로 돌아왔다. 그는 복잡한 세상에 살면서도 죽는 날까지 이런 순수함과 고요함을 지키려고 했다.

지극한 경지에 이르려면

열자는 제나라에 가서 살아볼 생각으로 여행을 떠났다가 도중에 돌아왔다. 돌아오는 길에 옛 도반이자 스승이었던 백혼무인을 만났다. 백혼무인이 물었다.

"아니, 자네가 제나라로 간다고 떠난 지 얼마 안 된 것 같은데 왜 벌써 돌아오는가?"

열자가 말했다.

"두려워서 돌아오는 것입니다."

"뭐가 그리 두렵단 말인가?"

"제 말씀 좀 들어보세요. 제나라로 가는 길에 주막집을 열 군데 들렀는데, 그 가운데 다섯 집에서 제 겉모습만 보고 저보다 먼저 온 손님을 물리치고 저한테 음식을 차려 오더라구요."

"아니, 그게 무슨 문제될 게 있는가?"

열자가 설명했다.

"저에게는 안에 든 것도 없으면서 겉으로 굉장한 사람인 것처럼 보이려고 하는 마음이 있는 것 같습니다. 다른 사람이 나를 존경하고 대단한 사람으로 보기를 원하는 자아의식이 강하다는 말입니다. 그리고 아시다시피 수행을 어느 정도 하면 몸에서 그 기운이 발산되지 않습니까? 주막집 주인은 저에게서 그것을 느끼고 특별 대우를 해준 것이고요. 그러니 이대로 나가다가는 지금까지 공부한 것을 다 까먹고 큰일나겠다 싶더라고요."

열자가 말을 이었다.

"주막집 주인은 돈이 많은 사람도 아니고 권세가 있는 사람도 아닙니다. 겨우 술과 밥을 팔아서 먹고사는 사람인데, 그런 사람이 저의 겉모습을 보고 그렇게 특별 대우를 한다면 제나라의 돈 많고 권세 있는 사람들도 제 겉모습을 보고 저에게 큰돈을 주고 높은 자리에 앉히고 자문을 요청할 가능성이 크지 않습니까? 그러면 얼마나 골치 아픈 일이 많겠습니까? 그렇게 되면 제 공부는 완전히 물 건너가게 될 것이 뻔합니다. 그것이 두려워서 돌아오는 것입니다."

백혼무인이 말했다.

"자네 정말 스스로의 모습을 정확하게 파악했군. 그러나 내 자네에게 한 가지만 말해두겠네. 자네가 제나라에 가지 않고 여기에 머문다고 해도 사람들이 자네를 조용하게 그냥 놔두지 않을 것이네."

열자는 제나라로 가지 않았다. 그 대신 조용한 시골로 자리를 옮겨 정착했다. 얼마 뒤에 백혼무인이 열자의 집을 방문했다. 가보니 과연 전에 자기가 말했던 대로 문 밖에 그를 찾아온 사람들의 신발이 가득했다.

백혼무인은 북쪽을 향해 서서 지팡이에 턱을 괴고 한참을 서 있다가 말없이 돌아서 나왔다. 밖에서 손님을 안내하던 사람이 열자에게 그 사실을 고했다. 열자는 신발도 신지 않고 뛰어나와 백혼무인을 붙잡고 말했다.

"아니 선생님, 이러시는 법이 어디 있습니까? 여기까지 오셨는데 한말씀도 없이 그냥 가시다니요. 약이 될 가르침을 한말씀이라도 해 주고 가셔야지요."

백혼무인이 담담하게 말했다.

"그만두거라. 내 이미 세상 사람들이 자네를 그냥 놔두지 않을 것이라고 말했는데 정말 그렇게 되었구나. 물론 자네가 광고를 해서 불러 모은 것이 아니라는 것은 나도 아네. 하지만 이는 자네가 아직 사람들이 몰려오지 않게 할 수 있는 경지에 이르지 못해서 생긴 일이네. 자네는 사람들에게 감동을 주었고, 그래서 사람들이 자네에게 몰려온 것이지. 그런데 감동을 준다는 것이 무엇인가? 무언가 다른 사람보다 뛰어난 점을 보이지 않았다면 사람들이 감동했겠는가? 그렇게 자신의 뛰어남을 드러내는 것이나, 그런 사람을 좇아 우르르 몰려다니는 것은 모두 부질없는 짓이네. 저 사람들은 자네를 훌륭한 분이라고 치켜세울 것이고 자네는 저 사람들에게 듣기 좋은 말만 하지 않겠는가? 저 사람들은 좋은 말만 듣기를 원할 것이고 자네는 그렇게 하려고 애를 쓸 텐데, 그렇게 되면 결국 자네나 저들이나 지극한 경지는 구경도 못 할 것이네."

큰 덕을 지녔어도 부족한 사람인 듯 처신해야

양주楊朱가 남쪽 패沛지방에 머물고 있을 때, 스승인 노자老子가 서쪽 진秦나라를 여행하고 있다는 소문을 들었다. 양주는 노자가 여행하는 길목에 찾아가서 여러 날을 기다린 후 양梁이라는 동네 밖에서 스승을 만났다.

함께 길을 가던 중에 노자가 하늘을 우러러보면서 탄식했다.

"내가 자네를 처음 보았을 때는 가르칠 만한 사람이라고 생각했는데, 이제 보니 아무래도 안 되겠네."

양주는 그 말이 무슨 뜻인지 궁금했지만 아무 말도 하지 않고 스승의 뒤를 따라갔다. 저녁에 여관에 들자 양주는 대야에 세숫물을 떠놓고 노자가 세수하는 동안 수건과 빗을 들고 옆에서 기다렸다. 노자가 세수를 끝내고 머리를 빗고 자리에 앉자, 양주는 신발을 벗고 무릎걸음으로 스승에게 다가가서 말했다.

"아까 낮에 선생님께서는 제가 처음에는 가르칠 만한 사람으로 여겨졌는데 이제 보니 안 되겠다고 말씀하셨습니다. 그 말씀이 무슨 의미인지 모르겠습니다. 아까부터 여쭙고 싶었지만 선생님께서 걸음만 재촉하셨기 때문에 틈을 얻지 못했는데, 지금은 한가하신 듯하니 저의 잘못된 점을 가르쳐주시기 바랍니다."

노자가 대답했다.

"전에는 그렇지 않았는데 아까 그대의 몸가짐을 보니 눈을 부릅뜨고 안하무인 격으로 오만한 표정을 짓고 있으니 도대체 누가 자네와 함께 있으려 하겠는가? 적어도 도를 배우려는 사람이라면 밝고 큰 도를 지니고서도 그걸 덮어서 밖으로 드러나지 않게 해야 하고, 큰 덕을 지니고서도 항상 부족한 사람인 듯이 처신해야 마땅하니라."

양주는 부끄러워하며 말했다.

"예, 앞으로는 선생님의 말씀에 따라 살겠습니다."

양주가 노자를 만나러 가는 길에 여관에 들렀을 때에는 여관 주인이 허리를 숙이고 귀빈 대접을 했다. 여관 주인의 아내도 정성을 다해 시중을 들었다. 화로를 끼고 앉아서 불을 쬐고 있던 다른 손님들은 양주가 나타나면 말을 붙여볼 생각도 못 하고 슬슬 자리를 피했다. 그런데 그가 노자를 만나고 나서 돌아갈 때에는 여관 주인이 농담을 걸고, 양주가 화롯불을 쬐고 있으면 어깨를 툭툭 치며 그를 밀어내고 끼어드는 사람까지 있었다.

속과 겉

양주가 제자들과 함께 송나라를 여행하다가 어느 여관에 들었다. 여관 주인에게는 두 아내가 있었는데, 한 사람은 예뻤고 한 사람은 못생겼다. 그런데 남편은 예쁜 아내보다 못생긴 아내를 더 사랑했다. 양주가 이상하게 여기고 물었다.

"세상 사람들은 못생긴 여자보다 예쁜 여자를 더 좋아하는데 당신은 반대입니다. 무슨 특별한 이유라도 있습니까?"

여관 주인이 대답했다.

"예쁜 아내는 스스로 미인이라고 생각하여 뻐깁니다. 그래서 오히려 얄밉지요. 그러나 못생긴 아내는 스스로 못생겼다고 생각하여 겸손합니다. 그래서 오히려 예뻐 보인답니다."

이 말을 듣고 양주가 옆에 있던 제자들에게 말했다.

"잘 기억해두어라. 진실한 행위를 하고 좋은 일을 하면 자기가 자랑하지 않아도 모든 사람이 다 알게 되는 법이다. 자기가 좋은 일을 했다고 자랑하거나 으스댄다면 사람들이 눈을 돌릴 테지만, 자기를 내세우지 않으면 어디서나 존경을 받을 것이다."

강하기만 하면 부러진다

자연에는 인간의 눈으로 보기에 이상한 것들이 참 많다. 예를 들면 강한 것이 늘 이기는 것이 아니라, 때에 따라서는 부드러운 것이 가장 좋은 방법이 된다는 점이다.

죽자鬻子가 말했다.

"그대가 힘으로 힘을 정복하는 것을 능사로 삼는다면 그대는 언젠가 그대보다 더 힘이 센 사람을 만나 그에게 굴복당할 것이다. 그러나 만약 그대가 양보하고 물러나는 법을 배운다면 그대는 결코 위험한 일을 당하지 않을 것이다. 만약 그대가 늘 이기려고만 든다면 언젠가는 패하고 잃는 날이 올 것이다. 그러나 만약 그대가 경쟁하거나 싸워서 이기려고 하지 않는다면 패하거나 잃을 걱정이 없을 것이다. 따라서 진정으로 강한 사람은 언제 힘을 써야 하고, 언제 물러나야 할지를 알아야 한다."

강한 것은 부드러움을 갖추고 있어야 완전해진다. 강하기만 하면 부러진다.

노자도 말했다.

"강한 군사력에 의지하는 나라는 머지않아 멸망한다. 나무 역시 너무 강하면 꺾인다. 그래서 '딱딱하고 강한 것은 죽음의 친구이고, 부드럽고 연한 것은 생명의 친구'라는 말이 있는 것이다."

사랑과 존경

송나라 강康임금은 힘이 자신을 보호하는 최선의 방책이라고 믿고 있었다. 그래서 그는 늘 힘있고 영리한 사람만 뽑아 자신의 경호원으로 삼았다.

어느 날 떠돌이 현자 혜앙惠盎이 강임금을 방문했다. 임금은 혜앙을 위아래로 훑어보며 못마땅한 표정을 지었다. 그의 모습이 힘과는 거리가 멀게 느껴졌던 것이다. 임금은 퉁명스럽게 말했다.

"나는 힘과 용기에만 관심이 있소. 사랑이니 정의니 하는 도덕 강의는 필요없소."

혜앙이 기다렸다는 듯이 말했다.

"저는 임금님께서 관심을 가지고 계신 힘과 용기에 관련된 비밀을 하나 알고 있습니다. 칼로 찔러도 베이지 않고 몽둥이로 내리쳐도 맞지 않는 비법을 알고 있는데 들어보시겠습니까?"

임금은 뭐 그런 것이 다 있는가 싶어서 흥분된 표정으로 말했다.

"그런 이야기라면 당연히 들어봐야지."

혜앙이 말했다.

"칼로 찔러도 베이지 않고 몽둥이로 내리쳐도 맞지 않는 것은 별로 대단한 비법이 아닙니다. 용기가 있어도 감히 찌르지 못하게 하고 힘이 있어도 내리치지 못하게 만드는 것이 더 중요합니다."

임금은 고개를 끄덕였다. 혜앙이 말을 이었다.

"감히 찌르지 못하게 하고 내리치지 못하게 한다고 해서 사람들에게서 찌르거나 내리치고 싶은 마음이 없어지는 것은 아닙니다. 그러므로 사람들로 하여금 애당초 찌르거나 내리치고 싶은 마음을 갖지 않도록 하는 것이 더 중요합니다."

임금은 심각한 표정으로 고개를 끄덕였다. 혜앙이 다시 말했다.

"찌르거나 내리치고 싶은 마음을 갖지 못하게 한다고 해서 사람들이 임금을 존경하거나 사랑하는 것은 아닙니다. 만약 백성들이 임금을 존경하고 사랑한다면 임금은 누가 해치지 않을까 염려하지 않으셔도 될 것입니다. 그러므로 사랑하고 존경하게 만드는 것이 힘과 용기보다 훨씬 더 강한 것입니다."

임금이 무릎을 치며 말했다.

"그렇소! 과인이 바라는 것이 바로 그것이오."

혜앙이 말했다.

"공자와 묵자는 임금도 아니고, 정치 집단을 만들어 지도자 노릇을 하지도 않았습니다. 그럼에도 불구하고 사람들은 그들을 임금이나 귀족처럼 존경했습니다. 그들이 어느 곳에 나타나면 사람들이 구름처럼 몰려왔습니다. 뒤에 있는 사람들은 그들의 얼굴이라도 한 번 보려고 서로 밀치고 발돋움을 하며 난리를 쳤습니다. 모든 사람이 그들을 존경했고 그들이 잘되기를 바랐습니다. 그런데 폐하는 이미 한 나라의 임금이십니다. 마음만 먹는다면 온 백성에게 두루두루 은혜를 베푸실 수 있습니다. 그러면 나라도 백성도 없던 공자나 묵자보다 훨씬 더 위대한 업적을 남기시게 될 것입니다."

임금은 말을 잃은 채 깊은 생각에 잠겼다. 그 모습을 보고 자신의 할 일을 다 했다고 생각한 혜앙은 재빨리 자리를 떴다.

잠시 후 임금이 옆에 있던 신하들에게 말했다.

"저 사람은 말하는 방법을 제대로 알고 있는 현인이로구나. 저 사람의 말에 과인의 생각이 완전히 바뀌었으니 말이다."

어리석은 사람을 현혹하는 방법

송나라에 원숭이를 좋아하는 사람이 있었다. 원숭이를 좋아하다 보니 온 집안이 원숭이 천지였다. 그는 식구들이 먹는 음식을 줄이면서까지 원숭이를 배불리 먹였다. 이러다보니 그는 원숭이의 마음을 헤아릴 줄 알게 되었고, 원숭이들도 그의 마음과 기분을 알아차렸다.

그러다가 생활이 점점 쪼들리게 되어서 원숭이에게 주는 먹이를 줄여야만 하는 상황이 되었다. 그런데 먹이를 줄이면 원숭이들이 말을 안 듣고 말썽을 피우지 않을까 걱정되었다. 그는 원숭이들을 속여서라도 달래볼 생각으로 말했다.

"너희들에게 도토리를 주려고 하는데 아침에는 세 개씩 주고 저녁에는 네 개씩 줄 생각이다. 너희들 생각은 어떠냐?"

그랬더니 원숭이들이 일제히 일어나서 소리를 꽥꽥 지르며 성을 내기 시작했다. 그래서 이번에는 이렇게 말했다.

"그러면 아침에는 네 개씩 주고 저녁에는 세 개씩 주겠다. 그러면 되겠지?"

이 말에 원숭이들이 이리 뛰고 저리 뛰면서 좋아했다.

영리한 지도자들이 어리석은 백성을 농락하는 방식이 대체로 이렇다. 학자라고 하는 사람들이 어리석은 사람을 현혹하는 방식도 대체로 이렇다. 아침에 세 개씩 주고 저녁에 네 개씩 주건, 아침에 네 개씩 주고 저녁에 세 개씩 주건 조금도 달라진 것이 없건만, 말하기에 따라 원숭이를 성내게 하기도 하고 기쁘게 하기도 하지 않는가!

※ 백성을 속이는 '정치적인 술수'라는 뜻으로 사용되는 '조삼모사朝三暮四'라는 말의 출처가 되는 이야기다. 역자 주

도의 경지에 이른 싸움닭

　기성紀渻이라는 사람은 싸움닭을 훈련시키는 전문가였다. 그는 주나라 선宣임금에게 채용되어 왕궁의 싸움닭을 길렀다. 그가 싸움닭을 훈련시킨 지 열흘이 지나자 임금이 물었다.
　"닭이 싸울 만큼 훈련이 되었는가?"
　기성이 대답했다.
　"아닙니다, 아직 제 힘만 믿고 허세를 부리고 있습니다."
　열흘이 더 지난 다음 임금이 다시 묻자 기성이 대답했다.
　"아직 멀었습니다, 다른 닭의 울음소리만 들어도 당장 달려들 기세로 깃을 세웁니다."
　열흘이 더 지난 다음 임금이 다시 묻자 기성이 대답했다.
　"아직도 미흡합니다, 다른 닭이 다가오면 노려보며 여차하면 싸울 자세입니다."
　열흘이 더 지난 다음 임금이 또 물었다. 기성이 대답했다.
　"예, 이제 되었습니다. 거의 완벽합니다. 다른 닭이 달려들 기세로 다가와도 아무런 반응을 보이지 않습니다. 멀리서 보면 마치 나무로 만든 닭처럼 보일 정도입니다. 거의 도의 경지에 도달했습니다. 그러니 다른 닭들이 맞서려고 하지 않고 그냥 피해 갑니다."

제3편 주목왕周穆王

주목왕의 꿈

마술사의 나라

주나라 목穆임금에게 이상한 사람이 찾아왔다. 서쪽 끝에 있는 나라에서 왔다는 그 사람은 마술사였다. 그 마술사는 불속에도 들어가고 물속에도 들어갔으며 쇠와 돌도 뚫고 지나다녔다. 공중을 날아다니기도 하고 산과 강을 옮겨놓기도 했다. 목임금은 그의 능력에 탄복하여 그를 신처럼 떠받들었다. 그를 위해 대궐 같은 집을 짓고 온갖 맛있는 음식으로 대접했으며 아름다운 여인들을 보내 그를 위해 노래하고 춤추게 했다. 그러나 마술사는 대궐 같은 집이 편안하지 않고, 음식도 맛이 없으며, 춤추고 노래하는 여자들에게서는 고약한 냄새가 난다고 불평했다.

목임금은 결국 그를 위해 궁전을 다시 짓기로 했다. 훌륭한 재목으로 궁전을 짓고 아름다운 색을 칠해서 단장을 했다. 목임금은 그 공사를 위해 왕실 금고가 바닥이 날 정도로 큰 비용을 들였다. 그 궁전은 꼭대기가 구름에 닿을 정도로 높았다. 궁전에서 보면 산과 계곡과 들판이 내려다보였다. 그래서 그 궁전을 '하늘 가운데 있는 누각[中天之臺]'이라고 불렀다. 목임금은 또한 나라 안의 아름다운 처녀들을 뽑아서 향유로 목욕을 시키고 향수를 듬뿍 뿌리게 하고 아름다운 보석으로 단장하게 했다. 그런 다음 아름다운 비단옷을 입히고 예쁘게 화장을 시킨 다음 마술사에게 보내 그를 위해 노래하고 춤추게 했다.

날마다 진수성찬을 올리고 철철이 최고급 비단옷을 제공했다. 목임금이 이렇게 최고의 대접을 했는데도 마술사는 만족스러워하지 않았다. 마지못해서 받아들이는 식이었다.

어느 날 마술사가 목임금에게 서쪽에 있는 자기 나라에 구경을 가자고 했다. 마술사는 목임금에게 자기의 옷소매를 꽉 잡고 눈을 감으라고 했다. 목임금은 마술사의 말대로 그의 옷소매를 움켜잡고 눈을 감았다. 그러자 마술사는 하늘 높이 솟아오르더니 어느 틈엔가 마술사 나라의 궁궐에 도착했다. 마술사가 눈을 뜨라고 하자 목임금이 눈을 떴다. 마술사 나라의 궁궐 기둥은 금과 은으로 되어 있었고, 바닥과 벽은 진주와 옥으로 장식되어 있었다. 또한 구름이 발 아래로 깔려 있었다. 마치 궁궐이 구름을 토대로 세워져 있는 것 같았다.

목임금이 거기서 보고 들은 것들과 맡은 냄새는 모두 인간 세상에서는 경험할 수 없는 것들이었다. 목임금은 그곳이 천상에 있는 신들의 궁전이라고 생각했다. 그리고 거기서 땅에 있는 자신의 궁전을 내려다보니 마치 흙무더기나 풀더미를 쌓아놓은 것 같았다. 목임금은 혼잣말로 중얼거렸다.

"아아, 이런 곳이 다 있다니. 이런 곳에서 십 년만이라도 살 수 있다면 원이 없겠다."

그때 마술사가 다른 곳을 구경하러 가자고 말했다. 이번에 간 곳에서는 해도 달도 산도 바다도 보이지 않았다. 그런데도 어디를 가나 눈이 부실 정도로 밝은 빛이 충만했다.

너무 눈이 부셔서 무엇을 똑바로 쳐다볼 수가 없었다. 또 소리가 들려오면 귀가 멍멍해져서 무슨 소리인지 알아들을 수가 없었다. 가

숨이 떨리고 온몸이 후들거렸다. 도저히 정신을 차릴 수가 없었다. 당황한 목임금은 마술사에게, 미칠 것 같으니 그만 돌아가자고 했다. 그러자 마술사가 목임금을 살짝 밀었다. 그 순간 목임금은 자기가 앉아 있던 자리로 돌아왔다.

눈을 뜨고 보니 왕은 자기가 앉아 있던 자리에 그대로 앉아 있었다. 곁에서 시중들던 시녀들도 그대로 있었고, 술을 따라놓은 술잔도 채 비우지 않은 상태 그대로였고, 안주도 식지 않고 따뜻했다.

이게 도대체 어찌된 일인가 싶어 옆에 있는 신하들에게 물었다.

"내가 어디에 갔다 왔느냐?"

그랬더니 신하들이 어리둥절한 표정을 지으며 대답했다.

"폐하께서는 아무 데도 가지 않으셨습니다. 그냥 눈을 감고 잠시 잠자코 앉아 계셨습니다."

목임금은 이 일로 큰 충격을 받아 얼이 빠진 사람처럼 되었다. 그 일이 있은 지 삼 개월이 지난 다음에야 겨우 제정신으로 돌아왔다. 제정신을 찾은 임금이 마술사에게 무슨 일이 있었던 것인지 물었다. 마술사가 대답했다.

"우리는 정신으로 여행한 것입니다. 폐하의 몸은 움직인 일이 없고, 시간도 흘러가지 않았지요. 폐하는 지금 앉아 계신 바로 그 자리에 앉으신 채로 다른 세상을 구경하신 것입니다. 어떻습니까? 방금 구경하고 오신 다른 세상과 지금 이 궁궐이 다른 것인가요? 폐하께서 충격을 받으신 이유는 지금 눈에 보이는 것만을 실체라고 생각했기 때문입니다. 마음의 장난 때문에 눈에 보이는 것이 실체라고 생각되는 것입니다. 고정된 실체는 없습니다. 모든 것이 순간순간 변하고 있습니다. 변하지 않고 정지해 있는 것은 없습니다. 그렇다면 변하기 이전의 것과 변한 다음의 것 가운데서, 어떤 것을 실체라고 하고 어떤 것을 실체가 아니라고 할 수 있겠습니까?"

목임금은 이 말에 깨달음을 얻었다. 그는 나랏일에 대한 염려를 모두 놓고 물러나서 마차를 타고 천하를 유람했다. 가는 곳마다 그 땅의 제후들에게 극진한 대접을 받았다. 어느 곳에서는 제후가 백조의 피를 음료수로 헌상했고, 어느 곳에서는 소와 양의 젖으로 목임금과 그 수행원들의 발을 씻어주기도 했다.

곤륜崑崙산에 당도한 목임금은 산꼭대기에 올라 황제의 궁전을 보았다. 그리고 후세가 황제의 위대한 업적을 길이길이 기념하도록 그곳에 제단을 쌓았다.

다음에는 곤륜산에 사는 선녀 서왕모西王母를 방문했다. 서왕모는 목임금을 위해 잔치를 벌이고 춤을 추며 노래를 불렀다. 목임금과 서왕모가 함께 노래를 부르기도 했다. 그러나 그들이 함께 부른 노래는 애조를 띠고 있었다.

서쪽 하늘로 해가 지고 있었다. 그때 목임금은 자기가 하루 만에 수만 리를 여행했다는 것을 깨달았다. 그는 한숨을 내쉬며 말했다.

"오늘 하루는 나라를 다스리고 신하들을 보살피는 대신 노래하고 즐기며 지냈구나. 후세 사람들은 아마 이런 나를 바보 같다고 욕하겠지."

목임금은 신이 아니었다. 그는 살 만큼 살면서 삶을 충분히 향유하고 죽었다. 그러나 후세 사람들은 그가 신이 되어 하늘로 올라갔다고 믿었다.

환幻의 본질

　　노성자老成子는 윤문尹文 선생에게 변환술變幻術을 배우려고 그의 집에서 삼 년 동안 지냈다. 그러나 윤문 선생은 한마디도 가르쳐주지 않았다. 노성자는 자기가 자격이 부족해서 가르쳐주지 않는다고 생각하고는 집으로 돌아가겠다고 말했다. 그러자 윤문 선생이 두 손을 모으고 정중히 인사를 하면서 그를 방으로 데리고 들어갔다. 윤문 선생은 주위에 있던 사람들을 물러가게 한 다음 노성자에게 말했다.
　　"전에 노자 선생님께서 서쪽으로 가시면서 나에게 '모든 생물의 생기도, 형체 있는 만물의 형체도 모두 환상이다'라고 말씀하셨습니다. 요컨대 천지조화의 활동이 빚어내는 것, 곧 음 기운과 양 기운의 결합으로 존재 세계에 무엇이 나타나면 우리는 그것을 태어남이라고 합니다. 그리고 두 기운의 결합이 해체되어 존재의 형체가 사라지면 우리는 그것을 죽음이라고 합니다. 또 변화의 법칙에 따라 형체가 변하는 것을 화化 또는 환幻이라고 합니다."
　　윤문이 말을 이었다. "창조와 해체의 법칙은 너무 심오해서 쉽게 이해할 수 없습니다. 우리가 만약 사물의 외적인 형체가 변하는 것에만 집착한다면 환화幻化의 영역에서 맴돌 수밖에 없습니다. 아무리 여러 가지 형태로 모습을 바꿨다고 해도 여전히 변할 수밖에 없는 형체로 남게 되지요. 그러므로 변환술로는 영원히 변하지 않는 실체에 도달하지 못합니다. 이 형체에서 저 형체로 변하는 것에 마음을 두지 않고, 변화 자체와 하나가 될 때 비로소 진정한 변환술을 배웠다고 할 수 있습니다. 그런데 그대나 나나 몸과 마음이 쉬지 않고 변하는 환의 상태입니다. 그러니 변환술이라는 것은 새로운 것이 아니지요."

노성자는 윤문 선생께 감사의 인사를 드리고 집으로 돌아왔다. 그는 석 달 동안 윤문 선생의 말씀을 깊이 생각한 끝에 환의 본질을 깨달았다. 그래서 자신의 몸을 숨기거나 나타나게 할 수도 있었으며, 계절의 순환을 뒤집어 겨울에 번개가 치게 하고 여름에 얼음이 얼게 만들 수도 있었다. 하늘을 나는 새가 땅 위를 달리게 하고, 땅 위를 달리는 짐승이 하늘을 날게 할 수도 있었다. 그러나 그는 자신의 능력을 사람들에게 보이지 않았다. 그래서 이 비법이 세상에 전해지지 않았다.

열자가 말했다.

"변화의 이법理法을 터득한 도인은 그것을 밖으로 드러내지 않는다. 그래서 사람들은 그를 자기들과 똑같은 사람으로 여긴다. 사람들은 삼황오제三皇伍帝의 위대한 업적을 그들의 덕과 힘으로 이룬 것이라고 생각한다. 하지만 그들은 자신들이 터득한 변환술의 힘, 곧 모든 것이 쉬지 않고 변하고 있다는 것을 터득했기 때문에 그런 업적을 이룬 것인지도 모른다."

※여기서 윤문 선생은 서쪽으로 떠나던 노자로부터 『도덕경』을 전수받았다고 하는 관윤자 윤희를 가리킨다. 역자 주

마음이 고요한 사람은 꿈을 꾸지 않는다

다음은 열자의 가르침이다.

깨어 있을 때 인간의 의식에는 여덟 가지 상태가 있고, 자는 동안 꾸는 꿈에는 여섯 가지 양상이 있다. 이 땅에서의 인간의 삶은 이 열네 가지 의식 상태를 오락가락하며 이루어진다.

깨어 있을 때의 여덟 가지 의식 상태란 무엇인가?
첫째, 대상을 지각하는 상태
둘째, 지각한 대상에 반응하는 상태
셋째, 반응하여 행위한 결과로 무엇을 얻었다고 생각하는 상태
넷째, 반응하여 행위한 결과로 무엇을 잃었다고 생각하는 상태
다섯째, 행위의 결과로 무엇을 얻었다고 생각할 때 느끼는 즐거움
여섯째, 행위의 결과로 무엇을 잃었다고 생각할 때 느끼는 슬픔
일곱째, 살아 있다는 자각
여덟째, 죽음에 대한 의식

이러한 여덟 가지 의식 상태는 깨어 있는 동안, 육체가 외계와 접촉하는 가운데서 형성된다.

그러면 꿈의 여섯 가지 양상이란 무엇인가?

첫째, 별로 특징이 없는 일반적인 꿈

둘째, 경고하는 꿈

셋째, 깨어 있을 때 곰곰이 생각하던 것에 대한 꿈

넷째, 교훈적인 꿈

다섯째, 행복한 꿈

여섯째, 두려운 꿈

이러한 여섯 가지 꿈은 외계와 접촉하지 않는 상태에서도, 마음이 쉬지 않고 활동하기 때문에 경험하게 되는 것이다.

언제 어떤 변화가 생기고 왜 그런 변화가 일어나는지를 이해하고 있으면 변화가 생겼을 때 당황하지 않는다. 어떤 일의 원인과 결과를 이해하고 있으면 사전에 준비를 할 수 있고, 막상 일에 부딪쳤을 때 흥분하거나 두려워하지 않는다. 꿈의 경우에도 마찬가지다. 언제 어떤 꿈을 꾸게 되는지를 이해하고 있으면, 꿈을 꿀 때 흥분하거나 두려워하거나 당황하지 않을 수 있다.

사람의 몸에 생기가 넘치기도 하고 가라앉기도 하는 것은 천지 기운의 흐름에 감응하여 그렇게 되는 것이다. 몸에 음 기운이 강하면 큰물을 건너다가 빠져서 무서워하는 꿈을 꾼다. 몸에 양 기운이 강하면 불이 나서 타 죽는 꿈을 꾼다. 음 기운과 양 기운이 모두 왕성하면 싸움하는 꿈을 꾸거나, 죽고 죽이는 꿈을 꾼다.

배가 고플 때는 구걸하는 꿈을 꾸고, 배가 부를 때는 남에게 무엇을 주는 꿈을 꾼다. 같은 이유로, 흥분을 잘하고 경솔한 사람은 하늘을 날아다니거나 높이 떠오르는 꿈을 꾸고, 성격이 침울하고 어두운 사람은 어디엔가 깊숙이 빠지는 꿈을 꾼다. 허리띠를 깔고 자면 뱀 꿈을 꾸고, 날이 음산해질 듯하면 꿈에 불빛을 본다. 배가 고픈 상태로 자면 먹는 꿈을 꾸고, 근심하며 잠이 들면 술 마시는 꿈을 꾼다. 슬퍼서 실컷 울고 난 사람은 춤추고 노래하는 꿈을 꾼다.

마음이 쉬지 않고 작용하기 때문에 자면서도 꿈을 꾼다. 마음이 계속 활동하기 때문에 낮에 몸으로 외계의 사물과 접촉하면서 생각했던 것들이 밤에 꿈으로 나타나는 것이다. 이처럼 몸과 마음은 서로 반응한다. 그러므로 마음에서 관념이 사라져 고요해지고, 몸이 외계의 사물로 인해 자극을 받지 않는 사람은 꿈을 꾸지 않는다.

사람들은 깨어 있을 때에도 이런저런 생각으로 꿈을 꾸고 자면서도 꿈을 꾼다. 그러나 마음을 비워 고요해진 사람은, 깨어 있을 때는 순간순간 완전히 깨어 있어서 망상에 빠지지 않고, 잠잘 때는 꿈을 꾸지 않고 완전한 휴식을 취한다. 깨어 있는 동안에 자신의 생각이나 행위에 집착하지 않기 때문에 잘 때도 꿈을 꾸지 않는 것이다.

낮에는 하인 밤에는 임금

　주나라에 큰 부자가 있었다. 그는 원래 부자이기도 했지만 하는 일마다 잘되어서 재산이 점점 늘어났다. 그러나 그는 인정이 없는 사람이어서 자기 집 종들에게 아침부터 저녁까지 쉴 틈을 주지 않았다.
　그 부자의 종 가운데 평생을 그 집에서 일한 늙은이가 있었다. 그 늙은이는 나이 먹어 힘이 다 빠졌는데도 무자비한 주인 밑에서 다른 종들과 마찬가지로 혹사당하고 있었다. 낮에는 신음하면서 일하고 밤이면 피곤하여 정신없이 곯아떨어졌다. 그는 날마다 몸과 마음이 지칠 대로 지쳐서 죽은 듯이 잠이 들었는데, 그때마다 임금이 되는 꿈을 꾸었다. 백성들 위에 군림하며, 화려한 궁전에서 온갖 진수성찬으로 배를 채우고, 잔치를 벌이고, 하고 싶은 일도 마음대로 하니, 그 즐거움이 비할 데가 없었다. 그러나 잠에서 깨어나면 다시 종이 되어 무자비하게 혹사당했다.
　다른 종이 그가 혹사당하는 모습을 안타까워하며 위로했다. 그러자 그가 말했다.
　"인생은 백 년이라지만 밤이 반이고 낮이 반인데, 나는 낮에는 남의 집 종으로서 고생하지만 밤이 되면 나라의 임금이 되어 즐기고 싶은 만큼 실컷 즐기니 뭐 꼭 나쁘다고만 할 수 있겠는가?"
　부자도 낮 동안에 재산 관리하랴, 종들 다스리랴 지칠 대로 지쳐서 밤이 되면 역시 정신없이 곯아떨어졌다. 그도 밤마다 꿈을 꾸는데, 꿈에서는 남의 종이 되어 숨도 제대로 돌리지 못하고 바쁘게 일했다. 온갖 궂은 일을 하면서도 주인에게 욕을 먹고 매질을 당했다. 날이면 날마다 그렇지 않은 날이 없었다. 이런 꿈을 꾸면서 잠꼬대도 하고 신음하다가 아침이 되어 잠에서 깨면 다시 부자로 돌아왔다.

부자는 밤마다 시달리는 악몽에서 벗어날 길이 없을까 하여 친구를 찾아가 도움을 청했다. 그러자 친구가 말했다.

"자네는 엄청난 재산을 모았고, 이 근방에서 자네를 모르는 사람이 없을 만큼 유명한 사람이 되었네. 자네는 보통 사람이 감히 넘보지 못할 튼튼한 기반을 다졌네. 그러니까 꿈에 신분이 천한 사람이 되어서 고생하는 것은 아주 당연한 일이라네. 이 세상 모든 것은 스스로 균형을 잡는다네. 행복과 불행도 예외가 아니라네. 깨어 있을 때도 행복하고 잠들었을 때도 행복하기를 바라면 안 된다네. 그것은 불가능한 일이라네."

부자는 친구의 이런 충고를 듣고 자신이 일을 너무 극단적으로 몰아댔음을 깨달았다. 그는 자신이 끝없이 욕심을 부렸고, 종들을 무자비하게 혹사시켰음을 깨달았다. 그래서 그날부터 자기 집 종들에게 자비를 베풀었고, 자기 자신도 여유로운 삶을 살기 시작했다. 그러자 밤마다 종이 되어 괴로움을 당하던 악몽도 더 이상 꾸지 않게 되었다.

누가 꾸는 꿈인가?

어떤 사람이 산에 나무하러 갔다가 무엇에 쫓겨서 도망가고 있는 사슴과 만났다. 사슴과 마주친 그는 지게 작대기로 사슴을 때려잡았다. 그는 뜻밖에 만난 행운에 기뻐하며 집으로 돌아가는 길에 가져갈 생각으로, 사슴을 옆에 있는 구덩이에 넣고 마른 풀로 덮어 감춰 놓았다.

그런데 나무꾼은 나무를 하다가 사슴을 감춰놓은 장소를 잊어버리고 말았다. 아무리 생각해봐도 생각나지 않았다. 자기가 꿈을 꾼 것은 아닐까 하는 생각도 들었다. 끝까지 생각나지 않자 나무꾼은 자기가 꿈을 꾼 모양이라고 중얼거리며 산에서 내려왔다.

그때 그 옆을 지나가던 어떤 사람이 나무꾼이 중얼거리는 소리를 들었다. 그는 주변을 뒤져 나무꾼이 숨겨놓은 사슴을 찾아냈다. 사슴을 가지고 집으로 돌아온 그 사나이는 아내에게 자초지종을 이야기했다.

"조금 전에 어떤 나무꾼이 사슴 한 마리를 잡아서 구덩이에 감춰놓았는데, 그는 사슴을 숨겨놓은 장소를 잊어버리고 말았지. 아무리 찾아도 사슴이 없자 그 나무꾼은 자신이 꿈을 꾼 모양이라고 혼자서 중얼거리더군. 그런데 그 나무꾼이 중얼거리는 소리를 듣고 내가 주변을 뒤져 구덩이에서 사슴을 찾았소. 그러고 보면 그 나무꾼이 참 신기한 사람이군, 꿈이 그대로 맞다니."

그러자 아내가 말했다.

"지금 당신이 말한 나무꾼의 이야기도, 당신이 꾼 꿈이 아닐까요? 당신이 구덩이에서 사슴을 발견한 것은 사실이지만, 나무꾼을 만나 나무꾼이 사슴을 잡아 숨겨놓았는데 어디에 숨겼는지 모르겠다고 중얼거리는 소리를 들었다는 것은 당신이 꾼 꿈에서 일어난 일인지도 모르죠. 그렇다면 당신 꿈이 그대로 맞은 것이지요."

남편이 말했다.

"그럴지도 모르지. 하지만 어쨌든 사슴이 우리에게 있으니 그걸로 됐지 뭐."

한편 집으로 돌아온 나무꾼은 사슴을 잡았던 것이 꿈이 아닌 것 같기도 하고 꿈인 것 같기도 해서 마음이 계속 찜찜했다. 어쨌거나 사슴을 잃어버린 일을 못내 아쉬워하며 잠자리에 들었다. 그런데 그는 꿈속에서 사슴을 숨겨놓았던 곳과, 그 사슴을 가져간 사람과, 그 사람이 어디에 사는지를 생생하게 보았다. 그래서 아침이 되자 꿈에서 보았던, 사슴을 가져간 사람을 찾아갔다.

그 사람 집에 가보니 실제로 마당 한 구석에 사슴이 있었다. 나무꾼은 자기가 잡은 사슴이니 돌려 달라고 했다. 그러나 사슴을 가져간 사람은 자기가 발견한 사슴이라며 내주지 않았다. 두 사람은 끝내 관청에 찾아가 판결을 요구했다.

재판관은 두 사람이 서로 주장하는 이야기를 다 듣고 나서 말했다.

"나무꾼이 사슴을 잡았는데, 처음에는 그것이 꿈인 줄 알았지만 나중에 보니 꿈이 아니라 실제였다고 주장했네. 나무꾼의 말대로라면 사슴은 나무꾼의 것이네. 그런데 사슴을 가져간 자는, 저 나무꾼은 사슴을 잡은 꿈을 꾼 것뿐이고 자기가 사슴을 발견한 것이 실제라고 주장했네. 그리고 그의 아내는 그가 꿈에서 사슴을 잡은 꿈을 꾼 나무꾼을 본 것일지도 모른다고 말했네. 만약 자네 아내의 말이 맞는다면 사슴을 잡은 나무꾼은 자네가 꾼 꿈일 뿐 실제로는 존재하지 않는다는 말이 되네. 그러면 그가 가져간 사슴은 남이 잡아놓은 사슴이 아니라 그냥 그가 주운 것이 되겠지. 그리고 당연히 그의 것이 될 것이네. 그러나 이런 경우에 누구 말이 사실이고 누구 말이 사실이 아닌지를 어떻게 판단할 수 있겠나? 모름지기 꿈과 현실을 구별하는 것은 지극히 어려운 일이라네. 그러나 지금 사슴이 현실로 존재하고 있으니 이것을 반씩 나누어 갖도록 하게."

이 이상한 재판 이야기를 들은 임금이 옆에 있던 재상에게 물었다.

"경은 어떻게 생각하시오? 이 이야기 전체가 재판관이 꾼 꿈은 아닐까요?"

재상이 대답했다.

"저는 어떤 이야기가 사실이고 어떤 이야기가 꿈인지 모르겠습니다. 이런 경우에는 황제나 공자 같은 성인만이 어느 것이 꿈이고, 어느 것이 실제라고 말해줄 수 있을 것 같습니다. 그러나 지금 황제와 공자가 세상에 계시지 않으니, 어느 것이 꿈이고 어느 것이 실제인지 알 방도가 없습니다. 지금으로서는 사슴을 반으로 나누어 가지라고 한 재판관의 판결을 그대로 놔두는 것이 좋을 듯합니다."

건망증을 고치자 악몽이 시작되다

　송나라 양리라는 동네에 사는 화자華子라는 사람은 중년에 심한 건망증에 걸리게 되었다. 아침에 누구에게서 물건을 받은 것을 저녁이 되면 잊어버렸고, 저녁에 누구에게 무엇을 준 것을 아침이 되면 까맣게 잊어버렸다. 길을 가다가도 느닷없이 왜, 어디에 가고 있는지 생각나지 않았고, 방에 앉아 있으면서도 자기가 앉아 있다는 것을 잊어버렸다. 오늘은 어제 있었던 일을 잊어버리고, 내일에는 오늘 있었던 일을 잊어버리는 식이었다. 그러니 가족들의 걱정이 이만저만이 아니었다.
　가족들은 용한 점쟁이를 찾아가 점을 쳐보았으나 점괘가 나오지 않았다. 신령한 무당을 청해 굿을 해봐도 신통한 결과가 나오지 않았다. 의사를 불러 침을 맞게 하고, 약을 달여 먹여도 효과가 없기는 마찬가지였다. 좋다는 것은 다 해봐도 아무 효과가 없었다.
　화자의 아내는 거의 자포자기 상태가 되었다. 화자의 치료비를 대느라고 재산도 많이 축나 있었다. 이때 화자의 아내는 노魯나라에 살고 있는 젊은 학자가 그런 병을 고칠 수 있다는 소문을 들었다. 화자의 아내는 아들과 함께 남편을 데리고 젊은 학자를 찾아갔다. 그리고 남은 재산의 반을 팔아 마련한 돈을 내놓으며 남편의 병을 고쳐 달라고 부탁했다.

젊은 학자가 말했다.

"이런 병은 점이나 굿이나 약으로 고칠 수 있는 것이 아닙니다. 내가 기억력을 되찾게 하는 특별한 방법을 알고 있으니 그 방법으로 한 번 치료해봅시다. 십중팔구는 나을 것입니다."

젊은 학자는 이렇게 말한 다음 환자의 상태를 점검했다. 환자의 옷을 벗겼더니 옷을 달라고 했고, 굶겼더니 밥을 달라고 했으며, 어두운 곳에 가두었더니 밝은 데로 나가게 해 달라고 했다. 젊은 학자는 병을 고칠 가능성이 보인다고 하면서 이렇게 말했다.

"이 병은 내가 고칠 수 있을 것 같습니다. 그러나 내 치료법은 세상에 알려지면 안 되는 비법이니 남들에게 알려지지 않게 해야겠습니다. 미안하지만 모두 물러가시고 나와 환자 둘이서만 일주일 동안 한 방에서 함께 지내게 해주십시오."

화자의 가족은 젊은 학자가 하라는 대로 일주일 동안 자리를 피했다. 그래서 그가 어떤 방법으로 치료를 했는지 알지 못했다. 그러나 결론적으로 화자의 고질병인 건망증은 씻은 듯이 치료되었다.

제정신을 되찾은 화자는 어찌된 영문인지 노발대발 화를 내면서 아내를 내쫓고 아들을 두들겨 팼다. 그리고 창을 들고 자기를 고쳐준 젊은 학자를 찔러 죽이겠다고 달려들었다. 이런 사태는 포졸이 출동하여 그를 붙잡은 다음에야 수습되었다. 포도대장이 왜 그런 행동을 했느냐고 묻자 그는 이렇게 말했다.

"내가 건망증에 걸려 있을 때에는 아무 걱정 없이 편안하게 지냈습니다. 잠도 잘 자고 잠에서 깨어나도 아무 근심거리가 없었지요. 마음속에 아무 생각이 없었기 때문에 완전히 자유였습니다. 그런데 기억을 되찾고 보니 저는 어느새 가련한 처지가 되어 있었습니다. 과거에 경험했던 행운과 불행, 이해득실, 즐거웠던 일과 슬펐던 일 등에 대한 기억이 뒤범벅되어서 솟구치는 감정을 걷잡을 수 없게 되었습니다. 행복한 꿈의 세계에서 악몽의 세계로 들어온 느낌입니다. 그래서 이렇게 소란을 피운 것입니다."

노랫소리가 우는소리로 들린다 해서

    진秦나라 사람 봉逢씨에게 아들이 하나 있었다. 그런데 그 아들이 어려서는 총명했는데 청년이 되면서 정신 착란 증세를 보였다. 노랫소리를 듣고는 우는소리를 들었다고 했고, 흰 것을 보고는 검은 것을 보았다고 했으며, 향기를 맡고는 썩은 냄새를 맡았다고 했다. 단 것을 먹고는 쓴 것을 먹었다고 하고, 그릇된 행동을 하고는 옳은 행동을 했다고 우겼다. 아무것도 착각하지 않는 것이 없었다.
    봉씨는 아들 걱정 때문에 하루도 마음이 편할 날이 없었다. 이 사람 저 사람에게 어떻게 하면 자기 아들이 정상으로 돌아올 수 있는지를 물었다. 그러던 중 어떤 사람이 노魯나라에 가면 학자들 가운데 특별한 재주가 있는 사람들이 많은데, 그 사람들이라면 아들의 병을 고칠 수 있을지도 모르겠다고 알려주었다. 봉씨는 어렵게 돈을 모아서 노나라를 향해 길을 떠났다. 봉씨는 노나라로 가는 도중에 진陳나라를 지나다가 우연히 길에서 노자를 만났다. 그는 노자에게 아들의 증세를 이야기하고 이러저러해서 노나라로 가고 있는 중이라고 설명했다.
    봉씨의 이야기를 들은 노자는 이렇게 말했다.
    "당신은 당신 아들이 정신 착란증에 걸렸다는 것을 어떻게 아시오? 당신 아들 하나만 정신 착란증에 걸린 것이 아니오. 요즈음 옳은 것과 그른 것을 혼동하고, 진리와 거짓을 뒤집어 생각하는 사람이 많소. 이해관계에 눈이 멀어서 사실을 사실 그대로 보지 못하는 사람은 더 많소. 한 사람이 정신 착란 증세를 보이면 나머지 가족들이 그의 잘못을 지적하고 고쳐줄 수 있소. 가족 전체가 정신 착란 증세를 보이면 이웃에 사는 사람들이 그들의 잘못을 지적하고 고쳐줄 수 있소. 한 동네 사람 전체가 정신 착란 증세를 보이면 다른 동네 사람들이 그들의 잘못을 지적하고 고쳐줄 수 있소. 한 나라 백성 전체가 정신 착란 증세를 보이면 다른 나라 사람이 그들의 잘못을 지적하고 고쳐줄 수 있소. 그러나 세상 전체가 정신 착란 증세를 보이면 그들의 잘못을 고쳐줄 사람은 어디에도 없소.

만약 세상 사람 모두가 당신 아들처럼 정신 착란 증세를 보이고 있고, 당신만 그들과 다르다면 당신이 정상이 아닌 사람이 될 것이오. 정상이냐 비정상이냐는 이렇게 상대적인 관념일 뿐이오. 옳고 그름, 희고 검음, 진실과 거짓, 행복과 불행 등에 대해 확실하게 단정해서 말할 수 있는 사람은 없소. 이런 것은 모두 상대적인 성격을 가지고 있어서 어떤 관점에서 보느냐에 따라 달라지는 법이오. 어쩌면 나도 정신 착란증에 빠져서 지금 이렇게 다른 사람들과 반대로 말하는 것인지도 모르오. 내가 알기로는 노나라 학자들은(노나라 군자의 번역으로 인·의·예·지·신을 강조하던 공자의 제자들로 보인다. 역자 주) 인간이 만든 상대적인 가치관에 미혹되어 심각한 착란 증세를 보이고 있는 사람들이라오. 자기들도 착란증에 빠져 있으면서 어떻게 다른 사람의 착란 증세를 고칠 수 있겠소? 그러니 노나라에 가느라고 재산만 축내지 말고 아들을 데리고 집으로 돌아가는 편이 나을 것이오."

슬퍼하는 이유가 무엇인가?

연燕나라에서 태어나 어린 시절을 연나라에서 보내고, 소년 시절에 부모를 따라 초나라로 이주하여 초나라에서 평생을 보낸 사람이 있었다. 그는 초나라에 살면서도 늘 어린 시절을 보낸 연나라를 그리워했다.

그는 늘그막에 고향이라도 한 번 보고 죽겠다고 결심하고는 연나라를 향해 길을 떠났다. 그는 연나라로 가는 도중에 진晉나라를 지나게 되었다. 도중에 그와 같이 길을 가던 사람들이 그를 놀려주자며 의견을 모았다. 어느 마을에 도착하자 한 사람이 그에게 이렇게 말했다.

"이곳이 당신의 고향 연나라 마을이오."

고향을 그리워하던 노인은 그곳이 연나라라는 말을 듣고 입을 다문 채 깊은 생각에 잠겼다.

다른 사람이 큰 집을 가리키며 "저것이 당신 고향 사람들의 사당이오."라고 말했다. 노인은 그 말을 듣고 깊은 한숨을 내쉬었다.

또 다른 사람이 다 허물어진 집을 가리키며 "저곳이 당신의 선조들이 살던 집이오."라고 말했다. 노인은 그 말을 듣고 왈칵 눈물을 쏟기 시작했다.

또 다른 사람이 나지막한 언덕에 여기저기 세워져 있는 비석을 가리키며 "저곳이 당신의 선조들이 묻힌 무덤이오."라고 말했다. 노인은 그 말을 듣고 큰 소리로 통곡했다.

이쯤 되자 충분히 놀렸다고 생각한 길동무들이 사실을 털어놓았다.

"지금까지 우리가 당신을 속였소. 사실 여기는 연나라가 아니라 진나라요."

무안해진 노인은 연나라로 가는 동안 입을 열지 않았다. 마침내 그는 연나라에 도착했다. 꿈속에서도 그리던 진짜 연나라 마을, 사당, 선조들이 살던 집, 조상들의 무덤을 보았다. 그러나 마음은 담담했다.

※ 진나라를 연나라인 줄 알았을 때 복받쳐 올랐던 노인의 감정을 거짓이라고 말할 수는 없다. 감정은 믿음에서 비롯된다. 겉으로 드러나 있는 것이 실제로 무엇이냐는 감정과 상관이 없다. 겉으로 드러나 있는 것이 무엇이든, 그것을 무엇이라고 믿느냐에 따라 감정은 변한다. 향수병에 걸렸던 노인은 자신의 부끄러운 행동을 통해 이것을 배웠을 것이다. 그래서 연나라의 진짜 고향에 도착해서는 오히려 담담할 수 있었던 것이다. 역자 주

제4편 중니仲尼

공자 이야기

§ 공자의 자字가 중니이고, 본명은 공구孔丘다.

선생은 도를 터득했습니까?

어느 날 상商나라의 고위 관리가 공자를 방문했다. 그는 앞뒤 안 가리고 직설적으로 질문하는 스타일의 사람이었다. 그가 공자에게 여쭈었다.

"선생은 도를 터득했습니까?"

공자가 대답했다.

"나는 도를 터득한 사람이 아닙니다. 다만 이것저것 많이 알고 있을 뿐입니다."

"그러면 삼왕三王은 도를 터득한 사람들이었습니까?"

"삼왕이 용기와 지혜를 겸비한 분들이지만, 그분들이 도를 터득했는지는 모르겠습니다."

"그러면 오제伍帝는 도를 터득한 사람들이었습니까?"

"오제는 덕으로 나라를 다스린 분들이지만, 그분들이 도를 터득했는지는 모르겠습니다."

"그러면 삼황三皇은 도를 터득한 사람들이었습니까?"

"삼황은 적절한 때에 적절한 사람을 기용한 분들이지만, 그분들이 도를 터득했는지는 모르겠습니다."

대화가 이쯤 되자 다혈질인 상나라 관리는 더 참지 못하고 언성을 높이면서 말했다.

"그럼 누가 깨달은 사람이라는 말입니까?"

공자는 서두르지 않고 그 사람의 흥분이 가라앉도록 잠시 기다렸다가 입을 열었다.

"서쪽 먼 나라에 법을 제정하거나 명령을 내리지 않아도 나라가 평화롭고 질서 있게 잘 돌아가게 하는 임금이 있습니다. 그는 백성들에게 '이렇게 하겠다' 또는 '저렇게 하겠다'는 약속도 하지 않습니다. 그래도 백성들은 그를 믿고 따릅니다. 그는 백성들에게 억지로 무엇을 시키지 않습니다. 그래서 나라의 모든 일이 자연스럽게 잘 어우러져 돌아갑니다. 그는 항상 모든 것을 수용하는 마음으로, 억지로 하는 것이 아니라 자발적으로 행동합니다. 그래서 그는 종잡을 수가 없습니다. 가까운 신하들도 그가 다음에는 어떻게 할지를 모를 정도입니다. 나는 그가 도를 터득한 사람이 아닐까 생각합니다만, 그가 정말로 도를 터득한 사람인지 아닌지는 모르겠습니다."

스승으로 모시는 이유

어느 날 공자와 자하가 대화를 하던 중에 제자들의 장점에 대해 이야기하게 되었다. 자하가 공자에게 여쭈었다.
"선생님, 안회를 어떻게 생각하시는지요?"
공자가 대답했다.
"안회는 성품이 부드럽고 온화한 사람이야. 그런 점에서는 나보다 낫지."
"자공은 어떠합니까?"
"자공은 나보다 언변이 뛰어나지."
"자로는 어떠합니까?"
"자로는 용기가 있는 사람이야. 나보다 훨씬 더 용감하지."
"자장은요?"
"자장은 점잖은 사람이야. 나보다 훨씬 의젓하지."
스승의 이런 대답에 놀란 자하가 벌떡 일어나며 여쭈었다.
"선생님, 그렇다면 그들이 선생님을 스승으로 모시는 이유가 무엇입니까?"
공자는 자하에게 앉으라고 손짓을 하며 말했다.
"거기 앉거라. 설명해주마. 안회는 부드럽고 온화하기는 하지만 때에 따라서는 힘도 써야 하는데 그렇지 못하다. 자공은 자기주장을 논리적으로 잘 펴지만 때에 따라서는 침묵하는 것이 더 효과적이라는 것을 모른다. 자로는 용기가 있지만 때에 따라서는 물러서는 것이 더 용기 있는 행위임을 모른다. 자장은 점잖고 의젓하지만 평범한 사람들과는 잘 어울리지 못한다. 내가 저들의 장점과 단점을 잘 알고, 저들의 부족한 점도 부드럽게 감싸주기 때문에 저들이 나를 스승으로 모시며 배우는 것이다."

말하지 않는 말, 알지 못하는 앎

열자는 백혼무인과 함께 호구자림 밑에서 공부했다. 공부를 마친 다음 그는 마을 남쪽 변두리에 거처를 마련했는데, 열자의 집은 얼마 지나지 않아서 방문자들과 제자가 되려고 온 사람들로 북적거렸다. 어떤 때는 수백 명이 모여들기도 했다.

열자는 자기를 방문한 사람들과 온종일 이야기하기를 즐겼다. 그런데 바로 옆집에 남곽자南郭子라는 사람이 살고 있었다. 열자와 남곽자는 담 하나를 사이에 두고 이십 년을 살았지만, 두 사람은 서로 만나도 인사도 나누지 않고 모르는 사람처럼 지냈다.

열자의 친구들과 제자들은 둘 사이에 무슨 나쁜 일이 있어서 그러는 것이려니 하고 생각했다. 어느 날 초나라에서 온 방문자 한 사람이 열자에게 그 사정을 묻자 열자가 말했.

"남곽 선생은, 몸은 기운이 충만하지만 마음은 비어 있는 사람이오. 그는 아무것도 듣지 않습니다. 그래서 밖에서 일어나는 일로 인해 마음이 혼란해지지 않지요. 그는 아무것도 보지 않습니다. 그래서 밖에 있는 것들에 마음이 끌리지 않지요. 그는 아무것도 말하지 않습니다. 그래서 누구와도 논쟁하지 않지요. 그의 마음은 고요합니다. 또한 그는 아무것도 분별하지 않습니다. 그래서 어떤 것도 그를 성가시게 하지 못합니다. 그의 몸은 텅 비어 있는 벽처럼 어떤 것에도 자극을 받지 않습니다. 이런 사람은, 사람이건 사물이건 밖에 있는 것들로 인해 혼란스러워지는 것을 원치 않을 것입니다. 하지만 오늘은 당신과 함께 방문해보기로 합시다."

열자가 초나라에서 온 방문자를 데리고 남곽자의 집을 방문할 때 제자 사십여 명이 함께 따라갔다. 집에 들어가보니 남곽자는 흙으로 만든 인형처럼 앉아 있었다. 완전히 무표정한 얼굴에, 넋이 나간 사람처럼 텅 빈 눈동자로 꼼짝도 하지 않았다. 접근해서 말을 붙일 틈이라고는 전혀 보이지 않았다.

열자조차도 어찌할 방도가 없었다. 수십 명의 사람이 목석같이 앉아 있는 남곽자 앞에서 어찌해야 될지를 몰라 서성거리고 있는데, 남곽자가 갑자기 맨 뒤에 서 있는 열자의 제자를 바라보고 유쾌한 어조로 무슨 말인가를 했지만, 열자의 제자들은 그게 무슨 뜻인지를 몰라 서로 얼굴만 쳐다보았다.

집에 돌아오자 제자들은 열자에게 남곽자가 말한 것이 무슨 뜻인지를 여쭈었다. 그러자 열자가 대답했다.

"상대방의 뜻을 알 수 있다면 뜻을 전달하기 위해 말할 필요가 없다. 현자는 다른 사람의 뜻을 알기 위해 대화할 필요를 느끼지 않는다. 또 자기의 뜻을 전하기 위해 말할 필요도 느끼지 않는다. 이것을 일러 '말하지 않는 말'이라고 한다. 현자는 또한 머리로 이리저리 궁리하지 않고도 진리가 무엇인지를 안다. 이것을 일러 '알지 못하는 앎'이라고 한다. 남곽 선생은 아무것도 보지 않고, 아무것도 듣지 않고, 아무것도 알지 못하는 사람처럼 보인다. 하지만 그는 모든 것을 듣고, 모든 것을 보고, 모든 것을 아는 분이다. 그에게는 듣고 안 듣고의 구별이 없고, 보고 안 보고의 구별이 없으며, 하고 하지 않고의 구별이 없고, 알고 알지 못하고의 구별이 없다. 그러니 그대들이 남곽 선생을 이상하게 생각할 이유가 없다."

※ '말하지 않는 말'은 '용무언위언역어用無言爲言亦言'의 번역이고, '알지 못하는 앎'은 '무지위지역지無知爲知亦知'의 번역이다. 글자 그대로 풀이하면 '무언으로 하는 말도 역시 말이다', '무지로 아는 것도 역시 앎이다'라고 할 수 있다. 역자 주

눈으로 듣고 귀로 보다

　열자는 성이 상씨인 신비한 노인의 제자가 되어 가르침을 받았다.
　삼 년이 지나자 옳고 그름을 분별하는 것을 두려워하고, 이해득실을 따지는 말을 감히 할 수 없게 되었다. 그러자 스승은 곁눈질로 흘낏 열자를 바라보는 정도의 반응을 보였다.
　오 년이 지난 다음에는 옳고 그름을 분별하고, 아무 거리낌 없이 말할 수 있게 되었다. 스승은 싫어하고 좋아하는 것을 거침없이 표현하는 열자를 보고 빙그레 웃는 정도의 반응을 보였다.
　칠 년이 지난 다음에는 마음이 가는 대로 내버려둬도 옳고 그름을 따지지 않게 되었고, 무엇을 좋아하거나 싫어하는 감정도 완전히 사라져버렸다. 스승은 그제야 열자를 가까이 앉게 했다.
　구 년이 지난 다음에는 마음 가는 대로 생각하고, 하고 싶은 대로 말해도 그것이 잘한 일인지 못한 일인지, 이로운 것인지 해로운 것인지 전혀 의식하지 않게 되었다. 누가 스승이고 누가 친구인지에 대해서도 전혀 의식하지 않게 되었다. 자타와 내외를 구분하는 의식이 완전히 사라져버린 것이다.
　그때부터 열자는 눈으로 귀처럼 듣고 귀로 눈처럼 볼 수 있었다. 또 입으로 코처럼 냄새를 맡고 코로 입처럼 맛을 볼 수 있었다. 이처럼 오관伍官이 하나로 통했고, 정신이 하나로 모아져 몸을 의식하지 않는 상태가 되었다.

  안과 밖의 구분이 완전히 사라져서 몸이 무엇을 의지하고 있고 발이 무엇을 딛고 있는지도 모르는 경지에 이르렀다. 누구든지 이런 경지에 도달하면 모르는 것이 없게 된다. 그런 사람에게는 세상의 그 어떤 신비로운 것도 자연스럽게 밝혀진다.

놀이의 극치

열자는 여기저기 구경하며 놀러 다니는 것을 좋아했다. 하루는 스승 호구자림이 놀러 다니며 구경하는 것이 왜 그렇게 좋으냐고 묻자 열자가 대답했다.

"사람들은 아름다운 경치를 보기 위해서 여기저기 놀러 다닙니다. 다른 사람들은 저도 자기들처럼 아름다운 경치를 구경하는 줄 알 것입니다. 하지만 저는 경치가 아니라 자연이 변화하는 이치를 살펴보려고 다닙니다."

그러자 호구자림이 말했다.

"너는 네가 다른 사람들과 다르다고 생각하지만 내가 보기에는 다를 바가 없다. 네 말대로 다른 사람들은 경치를 구경하고 너는 변화하는 이치를 살핀다고 하자. 하지만 그들이나 너나 밖에 있는 것을 보는 것이라는 점에서는 다를 바가 없지 않은가? 밖에서 아름다운 것을 찾는 사람은 감각의 욕구를 만족시키기 위해 늘 새로운 볼거리를 찾게 되지. 그러나 참된 만족은 밖에 있는 것이 아니라 자신의 내면을 바라볼 때 얻을 수 있는 것이다."

열자는 스승의 이 말을 듣고 진정한 구경이 무엇인지를 깨달았다. 그래서 그날 이후 여기저기 구경 다니는 것을 그만두었다. 열자의 변화된 모습을 보고 호구자림이 말했다.

"아름다운 경치를 즐기는 것은 좋은 일이다. 특히 자기가 무엇을 보고 있다는 의식마저 없는 상태에서 즐길 수 있다면 그보다 더 좋은 일은 없을 것이다. 무엇을 본다는 생각 없이 보고, 무엇을 행한다는 생각 없이 행한다면, 보고 행하는 모든 일을 즐길 수 있다. 이 상태가 되면 보는 사람과, 보이는 대상인 경치가 구별되지 않고 하나의 체험만이 존재한다. 이것이 구경과 놀이의 극치다."

심장에 있는 일곱 개의 구멍

용숙龍叔이라는 사람이 용한 의사로 소문난 문지文摯와 이야기를 나누고 있었다. 문지가 자기는 여러 가지 병을 잘 고치지만 특히 이상한 병을 고치는 데 일가견이 있다고 자랑했다.

그러자 용숙이 말했다.

"그러면 내 병을 좀 고쳐주시오. 내가 이상한 병에 걸렸는데 당신이 내 병을 고친다면 당신이 최고라는 것을 인정하겠소."

문지는 어떤 병이라도 고칠 자신이 있다는 듯이 말했다.

"어디 당신의 병 증세를 말해보시오."

그러자 용숙이 말했다.

"잘 들어보시오. 나는 다른 사람이 나를 칭찬해도 기쁘지 않고, 다른 사람이 나를 욕해도 기분이 나쁘지 않습니다. 무엇을 얻어도 즐겁지 않고 무엇을 잃어도 슬프지 않습니다. 나는 삶과 죽음, 부유함과 가난함, 행운과 불행을 똑같은 것으로 여기지요. 게다가 사람이 돼지처럼 보이고, 내가 다른 사람처럼 보인답니다. 집에 있으면서도 여기저기 떠돌아 다니는 것처럼 느끼고, 내 나라에 있으면서도 낯선 나라에 가 있는 것처럼 느낍니다.

이런 이상한 병에 걸린 다음부터는 재물이나 명예에도 아무 관심이 없어지고, 법이니 규칙이니 하는 것들도 아예 관심 밖의 일이 되어

버렸습니다. 임금이 바뀌든 나라가 바뀌든 하나도 신경 쓰이지 않으며, 다른 사람이 좋아하든 싫어하든 그들의 영향을 전혀 받지 않습니다. 그러니 임금을 섬기거나 친구를 사귀거나 처자식을 먹여 살리거나 하인을 거느리는 일 같은 것은 도저히 할 수가 없지요. 이게 도대체 무슨 병입니까? 당신이 이 병을 고칠 수 있겠습니까?"

이 말을 듣고 난 문지는 용숙에게 태양을 등지고 서게 하고 자기는 태양 쪽으로 서서, 약간 떨어진 거리에서 용숙의 몸을 아래위로 자세히 훑어보았다. 그리고 말했다.

"아, 당신은 마음 자리가 비어 있습니다. 당신은 거의 성인의 경지에 도달한 것 같습니다. 당신의 심장에 있는 일곱 개의 구멍 가운데 여섯 개는 완전히 열려 있습니다. 그러나 하나가 아직 닫혀 있습니다. 그것 때문에 거의 성인의 경지에 올라 있으면서도 자기가 병에 걸렸다고 생각하게 되는 것 같습니다. 내가 온갖 병을 다 고칠 수 있지만, 당신이 걸린 것과 같은 이상한 병은 고칠 수가 없습니다."

※용숙은 은자라고는 하나 자세한 것은 알 수 없다. 이 이야기에서 용숙은, 모든 집착을 버렸는데도 아직 깨달음을 자연스러운 것이 아닌 '이상한 병'과 같이 특별한 것으로 생각하고 있는 모습으로 그려지고 있다. 문지는 춘추 전국 시대에 제나라 위威임금의 병을 고쳐 이름을 날린 송나라 명의다. 역자 주

감각기관은 때가 되면 시든다

눈이 시력을 잃기 직전에는 아주 미세한 것도 볼 수 있을 만큼 시력이 날카로워진다. 귀가 듣는 힘을 잃을 즈음이 되면 아주 작은 소리도 들을 수 있을 만큼 청력이 예민해진다. 혀가 맛보는 힘을 잃을 즈음이 되면 두 우물에서 떠온 물맛을 분별할 수 있을 정도로 예민해진다. 코가 냄새 맡는 힘을 잃을 즈음이 되면 후각이 극도로 예민해진다. 이런 현상을 보면 감각 기관들이 힘을 잃기 전에 마치 모든 힘을 다 쏟아붓는 것처럼 보인다. 그럼에도 불구하고 감각 기관의 힘은 때가 되면 점차 시든다.

사람들은 몸이 약해지기 시작하면 힘을 다해 버티려고 한다. 마음의 통제력을 잃어버리기 직전에 있는 사람은 미친 듯이 이것저것을 따진다. 이런 행동은 모든 것에는 끝이 있다는 진실을 받아들이지 않으려는 발버둥이고, 자신의 나약함을 보이지 않기 위한 몸부림이다.

깨달은 사람은 시작이 있으면 끝이 있다는 자연의 진리를 받아들인다. 힘을 과시하기 위해 몸을 혹사시키지 않으며, 똑똑하다는 것을 과시하기 위해 마음의 힘을 쏟지 않는다. 그들은 맞서 싸울 수 없는 것이 있다는 것을 알고, 그것을 거부하지 않고 받아들인다. 그래서 그들은 삶을 사랑하며, 동시에 죽음도 자연스럽게 받아들인다.

정치가들을 먹여 살리는 이들

열자가 살고 있던 정나라의 포택圃澤이라는 마을에는 도를 깨우치려고 하는 수행자와 현자가 많이 살고 있었다. 반면에 동쪽에 있는 한 마을에는 관료와 정치가가 많이 살고 있었다.

어느 날 열자의 제자인 백풍伯豊이 자기 제자들과 함께 관료와 정치가가 많이 살고 있는 동쪽 마을을 지나게 되었다. 백풍과 그 일행들이 오는 것을 본 등석이라는 고위 관리는, 옆에 있는 친구들에게 말했다.

"저들을 다그쳐서 입장이 곤란하게 만들어볼까?"

친구들은 재미있는 구경거리를 기대하며 모두 좋다고 동의했다. 등석과 친구들은 날이면 날마다 모여 앉아서 사회와 정치 문제를 토론하기를 즐기는 사람들이었던 반면에, 포택 지방의 현자와 구도자들은 정치 문제와는 담을 쌓고 지내는 사람들이었다.

백풍이 가까이 오자 등석이 말했다.

"당신은 다른 사람을 먹여 살리는 것과 다른 사람 때문에 먹고사는 것의 차이를 아시오? 자기는 아무 일도 하지 않으면서 다른 사람이 주는 것만 받아 먹고사는 사람은 개나 돼지보다 나을 게 없소. 이 세상에는 사회를 위해서는 아무 일도 하지 않으면서 사회가 주는 혜택만을 받으려고 하는 사람들이 있다고 합니다. 그들은 둘러앉아 노

닥거리면서 쓸데없는 소리나 하고, 짐승이나 가축처럼 주인이 주는 음식만 기다린다고 하더군요."

백풍은 아무 대꾸도 하지 않았다. 그러자 백풍의 제자가 앞으로 나서서 등석에게 이렇게 말했다.

"어르신, 제나라와 노나라에 여러 가지 기술을 가지고 있는 사람들이 많다는데 그 이야기를 들으셨는지요? 집을 잘 짓는 목수도 있고, 쇠와 가죽을 잘 다루는 대장장이와 무두장이도 있고, 악기를 잘 다루는 연주자도 있고, 글씨를 잘 쓰는 서예가도 있고, 병법에 뛰어난 무인도 있고, 종교적인 의식을 잘 거행하는 사제도 있다고 합니다. 이렇게 여러 가지 재능과 기술을 가지고 있는 사람들이 함께 어울려 살면서도, 다른 사람에게 자기가 하는 일을 왜 하지 않느냐고 불평하는 사람이 없다고 합니다. 그 사람들은 모두 자기 분야의 전문가들이기는 하지만 정치에 대해서는 아무것도 모른답니다. 그러나 다행히도 그 나라에는 아무 재능이나 기술이 없는 사람들이 있어서 그들이 정치를 맡고 있다더군요. 그런데 정치가들이 여러 가지 재능과 기술이 있는 사람들을 고용하고 그들의 상전 노릇을 한답니다. 이런 경우 누가 누구를 먹여 살리는 것일까요?"

등석은 대꾸할 수가 없었다. 그는 난감한 표정으로 친구들에게 돌아가자고 눈짓을 하고 서둘러 자리를 떠났다.

쓸 필요가 없는 힘

공의백公儀伯은 제후들 사이에서 힘이 센 사람으로 소문이 나 있었다. 주나라 귀족 한 사람이 그 소문을 듣고 임금에게 그에 대해 이야기했다. 임금은 공의백의 힘이 얼마나 센지 직접 보고 싶었다. 그래서 많은 선물을 보낸 후 그를 왕궁으로 초청했다.

공의백은 왕궁에 도착하여 임금 앞에 섰다. 그러나 그의 모습은 임금이 상상했던 것과는 딴판이었다. 임금은 그가 당당한 체구를 가진 근육질의 사나이일 것이라고 생각했는데, 막상 자기 앞에 서 있는 공의백의 모습은 바싹 마른 체구에 허약해 보이기까지 했다. 도저히 힘을 쓸 것 같아 보이지 않았다. 임금은 실망스러운 어조로 물었다.

"그대가 힘이 세다고 하던데 그 말이 사실인가?"

공의백이 대답했다.

"폐하, 저는 메뚜기의 다리를 꺾고 매미의 날개를 찢을 수 있을 정도의 힘을 가지고 있습니다."

이 대답을 들은 임금은 공의백이 자기를 우롱하고 있다고 생각했다. 몹시 불쾌해진 임금은 언성을 높였다.

"나의 부하들 가운데는 물소 가죽을 찢고, 소 아홉 마리의 꼬리를 잡고 끌어당길 수 있는 자도 있다. 그러나 내가 보고자 하는 것은 그보다 더 강한 힘이다. 그런데 그대는 메뚜기 다리를 꺾거나 매미 날개를 찢는 정도의 힘을 가지고 있으면서도 힘이 세다고 소문이 났으니 도대체 어찌된 영문인지 낱낱이 고하도록 하라."

공의백은 한숨을 쉬며 말했다.

"폐하, 지당하신 말씀입니다. 사실대로 말씀드리겠습니다. 저의 스승은 성이 상씨인 신비한 노인이셨는데, 그분은 이 세상에서 힘이 가장 센 분이었습니다. 그러나 그분은 자기의 힘을 한 번도 쓰지 않았습니다. 그래서 가족들조차도 그분이 힘이 세다는 것을 몰랐습니다. 저는 그분의 그런 모습을 보고 그분을 평생 스승으로 모시고 배워야겠다고 결심했습니다. 그래서 그분의 제자가 되었습니다. 그러던 어느 날 그분이 이렇게 말씀하셨습니다.

'사람들은 다른 사람이 보지 못한 것을 보고 싶어 하고, 해보지 못한 것을 하고 싶어한다. 그러나 사람들이 그런 능력을 가지려면 인내심을 갖고 작은 것부터 한걸음 한걸음 배워 나가야 하는데, 그런 훈련은 안 하고 당장 그렇게 되고 싶어한다. 내가 분명히 말하지만 볼 수 없는 것을 보는 힘을 키우려면 먼저 장작더미를 유심히 관찰하는 일부터 시작해야 하고, 들을 수 없는 소리를 듣는 힘을 키우려면 먼저 큰 종소리를 듣는 훈련부터 해야 한다. 이렇게 쉬운 것부터 한 걸음씩 훈련해 나가다보면 보고 듣는 힘이 점차 강해지고, 나중에는 보고 듣는 것에 아무런 장애가 없는 경지에 도달하게 된다. 밖이 아무리 어지럽고 시끄럽더라도 보고 듣는 데 아무 지장이 없게 되는 것이다. 그리고 이런 상태가 되면 외적인 상황이 전혀 방해가 되지 않기 때문에, 듣거나 보기 위해서 구태여 자신의 힘을 쓸 필요도 없게 되는 것이다.'"

공의백이 말을 이었다.

"폐하, 제가 힘이 센 사람으로 소문이 났다면 그건 제가 저의 스승님의 가르침을 제대로 따르지 못했기 때문입니다. 저는 제 힘을 자랑해본 적이 없지만, 스승님의 가르침을 제대로 따랐다면 힘을 쓰지도 않았을 터인데, 어쨌거나 저는 힘을 썼고 사람들이 그것을 보고 제가 힘이 세다고 소문을 낸 것이 아니겠습니까?"

이 말을 듣고 임금은 가장 강한 힘은 힘을 쓸 필요도 없는 힘이라는 귀중한 진리를 깨달았다.

※공의백은 사람 이름이 아니라, '공의'라는 제후국諸侯國의 제후[伯]라는 뜻이다. 역자 주

그림자는 움직이지 않는다

위魏나라의 모牟왕자는 왕자들 가운데 가장 총명했다. 그는 정치나 나라 다스리는 일에는 관심을 보이지 않고 철학자나 현자들과 어울리는 것을 좋아했다. 그는 특히 공손룡公孫龍이라는 재치가 번뜩이는 철학자를 좋아했다. 사람들은 공손룡을, 헷갈리는 말로 사람을 현혹하는 궤변론자라고 좋아하지 않았지만, 모왕자는 많은 시간을 그와 함께 지내며 그의 이야기에 귀를 기울였다.

하루는 뛰어난 학자로 알려진 음악을 관장하는 관리가 모왕자가 공손룡과 친하게 지내는 것을 비웃었다. 그 이야기를 전해들은 모왕자는 그 관리를 만나서 물었다.

"내가 공손룡과 가까이 지내는 것을 비웃는 이유가 무엇입니까?"

관리가 대답했다.

"공손룡이 괴상한 말로 사람을 현혹하는 궤변론자라는 것은 모르는 사람이 없습니다. 그는 다른 사람이 다 받아들이는 것을 받아들이지 않고 아무도 존경하지 않는 오만한 사람입니다. 그리고 입을 열면 닫을 줄을 모릅니다. 그는 다른 사람들의 주장을 모두 부정하고, 극단적이고 별난 자신의 이론을 주장합니다. 그는 뛰어난 재치가 있지만, 그 재치로 사람을 혼란스럽게 만들어 논쟁에서 이깁니다. 그는 흰 것을 검다고 하고 구부러진 것을 곧다고 합니다. 논쟁으로는 그를 당할 사람이 없지만, 그것은 그의 주장이 옳기 때문이 아니라 다른 사람이 그의 주장을 뛰어넘지 못하기 때문입니다. 저는 그를 아주 편협하고, 사람을 농락하는 사람이라고 생각합니다. 제가 비웃은 것은 왕자께서 그런 사람을 좋아하고 그와 함께 어울려 다니기 때문입니다."

모왕자는 친구이자 스승처럼 여기는 공손룡을 그렇게 악평하는 소리를 듣고 마음이 몹시 언짢았다.

"당신이 공손룡을 그런 사람으로 보는 이유가 대체 무엇이오? 그가 당신이 말한 것처럼 편협하고, 사람을 농락하는 사람이라는 증거를 대보시오."

"예, 먼저 공손룡이 공자의 손자 공천孔穿에게 한 말을 들어보십시오. 그가 공천에게 이런 말을 했습니다.

'활을 잘 쏘는 사람은 첫 번째 화살이 과녁에 꽂히기 전에 두 번째 화살 세 번째 화살을 연달아 쏴서, 뒤에 쏜 화살이 날아가는 앞 화살의 꼬리에 꽂히게 할 수 있다. 그래서 하나의 기다란 화살이 날아가는 것처럼 보이며, 마지막 화살이 아직 활 시위를 떠나지 않고 있을 때 첫 번째 화살이 과녁에 꽂힌다. 결국 활에서 과녁까지 여러 개의 화살이 꼬리에 꼬리를 물고 하나의 화살처럼 연결되는 것이다.'

공천이 이 말을 듣고 어찌 그런 일이 있을 수 있을까 놀라워하자 공손룡이 다시 말했습니다.

'그건 아무것도 아니다. 명궁인 봉몽逄蒙의 제자 가운데 홍초鴻超라는 사람이 있었는데, 어느 날 아내에게 화가 나는 일이 있어서 겁을 주어 혼내주려고 아내의 눈을 향해 활을 쏘았다. 그런데 화살이 눈동자에 닿는 순간 힘을 잃고 땅으로 떨어졌다고 한다. 이런 일이 너무

순식간에 일어났기 때문에 그의 아내는 눈도 깜짝하지 않았고 무슨 일이 있었는지도 몰랐다고 한다.'

왕자님은 이게 도대체 제정신 가지고 있는 사람의 말이라고 생각하십니까?"

모왕자가 차분한 목소리로 대답했다.

"어리석은 사람이 지혜로운 사람의 말을 이해하기는 어렵습니다. 뒤에 쏘는 화살을 먼저 쏜 화살보다 조금 더 세게 쏘면 먼저 쏜 화살이 과녁에 도달하기 전에 앞의 화살의 꽁무니를 맞힐 수 있습니다. 이렇게 연달아 조금씩 더 세게 활을 쏜다면 활에서 과녁까지 화살이 죽 연결되게 할 수 있겠지요. 문제는 그렇게 할 수 있는 능력이 있느냐 없느냐지, 결코 그럴 수 없는 것은 아닙니다.

또 홍초라는 사람의 경우를 보면, 활 쏘는 힘을 정확하게 조절할 수만 있다면 눈동자 바로 앞에서 활이 날아가는 힘이 다해 떨어지게 할 수 있습니다. 여기서도 문제는 그렇게 할 수 있는 능력이 있느냐 없느냐지, 결코 그럴 수 없는 것은 아닙니다. 나는 공손룡의 두 이야기가 모두 믿을 만한 것이라고 생각합니다. 제가 보기에 이 이야기는 공손룡이 말도 안 되는 소리를 하는 사람이 아니라, 그야말로 진정한 궁도弓道가 무엇인지를 깊이 이해하고 있는 사람이라는 것을 보여주는 증거가 될 듯싶군요."

관리는 공손룡을 옹호하는 왕자의 태도가 못마땅했다. 그래서 다시 공손룡을 비난했다.

"왕자님께서는 공손룡의 친구이니 그를 옹호하시겠지만 제가 드리는 말씀을 들으면 그를 변호하기 힘들 것입니다. 한 번은 그가 위나라 임금에게 이렇게 말했습니다.

'마음으로는 알 수 없다. 손가락으로 가리키는 곳에 도달할 수 없다. 사물은 무한하게 존재한다. 그림자는 움직이지 않는다. 머리카락 한 올로 바위를 들어올릴 수 있다. 흰 말[白馬]은 말[馬]이 아니다. 어미 없는 송아지에게는 어미가 있었던 적이 없다.'

이것은 그가 말한 궤변의 일부입니다. 그가 말한 궤변을 일일이 열거하자면 끝이 없을 것입니다."

모왕자는 관리의 이런 말을 듣고도 어리둥절한 기색이 전혀 없었다. 그는 조용한 어조로 관리에게 말했다.

"공손룡의 말을 궤변이라고 하는 것은 당신이 그의 말을 이해하지 못했기 때문입니다. 제가 듣기에는 그의 말이 다 맞는 것 같습니다.

첫째, 어떤 것에 대해 마음이 있다는 것은 그것에 대한 관념을 가지고 있다는 뜻입니다. 그런데 어떤 것에 대해 관념을 가지고 있으면 그 관념이라는 안경 때문에 그것 자체를 알 수가 없습니다. 그러므로 '마음으로는 알 수 없다'는 말은 사실입니다.

둘째, 모든 것은 늘 변하고 있습니다. 따라서 어느 곳을 가리키고 그 가리킨 곳에 도달하려 한다면 가는 동안에 가리켰던 그곳이 이미 변해 있을 것입니다. 그러면 우리가 도달한 곳은 애초에 가리켰던 곳이라고 할 수 없습니다. 그러므로 '손가락으로 가리키는 곳에 도달할 수 없다'는 말은 사실입니다.

셋째, 어떤 것이 나누어지고 나누어진 것들이 저마다의 특성을 갖는 것은 끊임없이 전개되는 이 세상의 변화입니다. 이 변화는 결코 끝이 없습니다. 그러므로 '사물은 무한하게 존재한다'는 말은 사실입니다.

　넷째, 그림자는 원인이 아니라 결과입니다. 움직임의 주체는 원인이지 결과가 아닙니다. 그림자는 그림자의 주체인 사물이 움직이면 장소를 이동합니다. 하지만 그것은 그림자가 움직인 것이 아니라 그림자의 주체가 움직인 것입니다. 그러므로 '그림자는 움직이지 않는다'는 말은 사실입니다.

　다섯째, 무게 중심을 정확히 잡고 균등한 힘으로 끌어올린다면 머리카락 한 올로 바위를 충분히 들어올릴 수 있습니다. 그러므로 '머리카락 한 올로 바위를 들어올릴 수 있다'는 말은 사실입니다.

　여섯째, '희다'는 것은 상태를 일컫는 말이고, '말[馬]'이라는 것은 형체를 가리키는 말입니다. '흰 말'이라는 것은 색깔이 하얀 특정한 말을 가리키는 것이지 말이라는 형체를 가지고 있는 동물 전체를 가리키는 말이 아닙니다. 그러므로 '흰 말은 말이 아니다'라는 말도 사실입니다.

　끝으로 '어미 없는 송아지에게는 어미가 있었던 적이 없다'는 말도 사실입니다. 어미가 있었다면 어미 없는 송아지가 될 까닭이 없습니다. '어미 없는'이라는 말은 이미 어미가 없다고 한정하고 있습니다. '어미 없는 송아지'와 '어미 잃은 송아지'는 다릅니다.

　이처럼 공손룡의 말은 궤변도 아니고 왜곡도 아닙니다. 그의 말은 사람들이 갇혀 있는 구태의연한 관념의 울타리를 허물어버리기 위해 고안된 날카롭고 정확한 논리라고 할 수 있습니다."

　공손룡을 비난하던 관리가 말했다.

　"왕자님은 공손룡의 말이라면 무조건 조리가 있다고 여기시는군요. 아마 공손룡이 똥구멍으로 말해도 그 말을 믿으실 것 같습니다."
　모왕자는 그 관리가 감정적으로 대응하고 있다는 것을 알아차리고, 한참 말없이 있다가 다음에 얘기하자고 하고 자리를 떴다.

　※공손룡은 이름[名]과 본질[實]의 관계를 밝히기 위해 집요하게 노력했던 명가名家의 대표적인 인물이다. '흰 말은 말이 아니다[백마비마론白馬非馬論]', '손가락으로 가리키는 곳에는 도달할 수 없다[지물론指物論]', '희고 단단한 돌은 없다[견백론堅白論]'는 공손룡의 유명한 세 가지 논증이다. 역자 주

하려는 욕망 없이 할 때

요堯임금이 나라를 다스린 지 오십 년이 되자 나라가 질서 있게 잘 다스려지는지, 신하들이 자기 말을 잘 따르는지, 또 백성들이 관리들의 지시를 잘 따르는지 알고 싶어졌다. 그래서 좌우의 신하들에게 물어보았으나 한결같이 모르겠다고 대답했다. 왕궁 밖으로 나가 지방 관리들에게 물어봐도 대답을 듣지 못했으며, 재야 인사들에게 물어봐도 도움이 되는 대답을 듣지 못했다.

상황이 이렇게 되자 요임금은 평복 차림으로 나라의 구석구석을 돌며 자신이 직접 살펴보기로 했다. 요임금은 어느 날 한 동네를 지나다가 아이들이 노래를 부르며 놀고 있는 것을 보았다. 가까이 가서 아이들이 부르는 노래를 들어보니 이런 내용이었다.

"당신이 우리를 먹이고 입히셨네.
당신의 법이 우리의 법이라네.
우리는 아무 생각 없이 살아도
저절로 하늘의 길을 따르고 있다네."

이 노래를 들은 요임금은 기쁜 마음으로 아이들에게 물었다.
"얘들아, 너희들 그 노래 어디서 배웠니?"
"우리 동네 군수한테 배웠어요."
요임금은 아이들에게 노래를 가르쳐주었다는 군수를 찾아가서 물었다.

"아이들에게 가르쳐준 노래는 누가 만든 것입니까?"

군수가 대답했다.

"옛날부터 전해오는 노래인데 누가 만들었는지는 잘 모르겠습니다."

이 말을 들은 요임금은 '이만하면 천하를 잘 다스린 모양이구나'라고 생각하고 궁으로 돌아와서 순舜에게 왕위를 물려주었다. 순은 아무 질문도 하지 않고 왕위를 받아들였다.

이 이야기를 들은 현자 관윤이 이렇게 말했다.

"자신의 일을 끝낸 다음 어떻게 물러나야 하는지를 아는 사람은 하늘의 길[道]을 아는 사람이다. 집착하는 마음이 없으면 행동이 물처럼 자연스러워지며 마음은 거울처럼 맑아진다. 그런 사람은 세상과 다투지 않으며, 무슨 일을 하든지 자연의 흐름[道]에 어긋나지 않는다. 만물이 자연의 도를 거스르는 일은 있을 수 있어도, 자연의 도가 만물을 거스르는 일은 없다.

도는 감각이나 생각으로 알 수 있는 것이 아니다. 그러므로 눈과 귀와 생각으로 도를 찾으려고 하는 것은 헛된 일이다. 도는 찾기 위해 앞을 보고 두리번거리면 어느덧 뒤에 숨어 있고, 움직임으로 파악해보려고 하면 어느덧 움직임 없이 온 우주에 충만한 존재가 되어 있고, 정지된 존재로 파악해보려고 하면 어느덧 그림자도 남기지 않고 사라져버린다. 도는 멀리하고 싶다고 해서 멀리할 수 있는 것이 아니며, 가까이하고 싶다고 해서 가까이할 수 있는 것도 아니다. 다만 자연스러움을 간직한 사람만이 도를 깨닫고 그에 따라 살 수 있을 뿐이다.

도를 깨달은 현자는 알면서도 판단하지 아니함으로 감정에 사로잡히지 않고, 할 수 있는 힘이 있으면서도 억지로 하지 않는다. 이것이 참된 앎이고 참된 힘이다. 시비선악是非善惡을 따지며, 욕망에 따라 인위적으로 무엇을 하려고 애쓰는 사람은 도와는 거리가 먼 사람이다. 무위의 경지를 논하면서 세상에서 멀찍이 떨어져 아무것도 하지 않는 사람도 도와는 거리가 먼 사람이다. 참으로 도를 체득한 사람은 아무것도 따지지 않고, 무엇을 하되 하려는 욕망이 없이 한다."

제5편 탕문湯問

탕임금의 질문

이 우주는 끝이 있소?

은殷나라 탕湯임금이 현자로 알려진 신하 하극夏革에게 물었다.

"만물은 태초부터 있었던 것이오?"

하극이 대답했다.

"만약 태초에 아무것도 없었다면 어찌 지금 만물이 있을 수 있겠습니까? 먼 후대 사람들이, 우리가 살고 있는 지금 이 시대에는 아무것도 없었다고 말한다면 맞는 말이겠습니까?"

탕임금이 다시 물었다.

"그러면 만물이 선후先後가 없이 늘 있었다는 말이오?"

하극이 대답했다.

"만물의 시작과 끝이 언제인지는 말하기가 어렵습니다. 하나의 시작이 다른 것의 끝이 되기도 하고, 다른 것의 끝이 또 다른 것의 시작일 수도 있기 때문입니다. 만물은 태초부터 지금까지 끊임없이 오고 가고 있습니다. 무엇이 첫 번째인지는 알 수가 없습니다."

탕임금이 또 물었다.

"그러면 이 우주는 끝이 있소?"

"모르겠습니다."

"그러면 이 우주는 경계가 없이 무한하다는 말이오?"

임금이 집요하게 질문하자 하극은 마지못해 대답했다.

"우주에 경계가 없다면 우주는 끝없이 무한할 것이고, 경계가 있다면 끝이 있을 것입니다. 또한 경계가 있다면 그 경계 밖에 또 무엇이 있지 않겠습니까? 저는 천하 만물이 오고 감이 끝없다는 것만 말씀드릴 수 있습니다. 이 우주에 경계가 있는지 어떤지는 모르겠습니다."

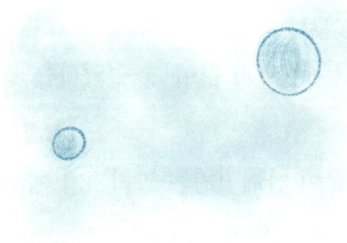

우공은 태산을 어떻게 옮겼나?

커다란 두 산이 둘러싸고 있는 계곡에 한 늙은이가 살고 있었다. 그는 늘 실현 불가능한 엉뚱한 계획을 세우곤 했다. 그래서 사람들은 그를 '우공愚公(어리석은 늙은이)'이라고 불렀다.

우공이 살고 있는 마을은 워낙 높은 산으로 둘러싸여 있어서 밖으로 나가려면 큰 산을 빙 돌아서 먼 길을 다녀오지 않으면 안 되었다. 하루는 먼 길을 돌아 마을 밖에 다녀온 우공이 가족들에게 말했다.

"이렇게 먼 길을 돌아다니는 것보다 산을 깎아서 평평하게 만드는 것이 좋지 않겠느냐?"

아들과 손자는 우공의 계획을 기발한 생각이라고 환영하며 당장 일을 시작하자고 했다. 그러나 그의 아내는 고개를 저으며 말했다.

"당신 나이가 지금 아흔이에요. 산은커녕 조그만 흙덩이 하나 옮기기 어려울 것입니다. 그리고 만에 하나 산을 옮길 힘이 있다고 해도 저 큰 산에서 파낸 바위와 흙은 어디에 버릴 것입니까?"

우공은 그런 문제는 걱정할 필요가 없다는 듯이 말했다.

"흙과 바위야 저쪽 발해渤海 끝에 있는 바다에 갖다 버리면 되지."

우공과 그의 아들과 손자는 다음날 산을 옮기는 일에 착수했다. 마침 이웃에 젊은 과부에게 일곱 살 먹은 어린 아들이 하나 있었는데 그 아이도 일을 돕겠다고 나섰다. 이들 네 사람은 하루 종일 열심히 일했다. 그리고 겨울이 되어서야 집으로 돌아왔다.

마을에는 지혜가 많아서 사람들이 '지수智叟(지혜로운 노인)'라고 부르는 사람이 있었다. 그는 우공이 산을 옮기고 있다는 말을 듣고 그의 어리석음을 깨우쳐주려고 우공을 찾아가서 말했다.

"당신은 사리를 분별할 만큼 충분히 나이를 먹은 노인이오. 그런데 저 큰 산을 옮긴다니, 그런 어리석은 일이 어디 있소? 당신에게는 마당에 난 풀 한 포기 뽑는 것도 힘에 겨울 텐데, 어떻게 저 엄청난 산을 옮기겠다는 말이오?"

이 말을 들은 우공은 길게 한숨을 내쉬고 나서 말했다.

"당신이야말로 한심하구려. 어떻게 그렇게 융통성이 없소? 생각이 마치 바위처럼 단단하게 굳어 있지 않소? 일곱 살 먹은 어린아이만도 못하니 쯧쯧… 산을 옮기다가 내가 죽으면 내 아들과 손자가 계속 옮길 것이고, 그 아이들이 죽으면 그 아이들의 자손이 계속 옮기면 되지 않겠소? 자손은 대를 이어 언제까지나 계속 태어날 것이지만 산이야 더 늘어나지 않을 것 아니오? 그러니 언젠가는 평평해지지 않겠소?"

우공의 이런 대답을 들은 지수는 할 말이 없었다. 마을 사람들은 미친 짓을 한다고 손가락질하며 비웃었지만, 우공과 그의 아들과 손자와 이웃집 아이는 묵묵히 산을 파서 옮기는 일을 계속했다.

이번에는 산을 지키는 산신령들이 당황하기 시작했다. 저런 식으로 나가다가는 먼 훗날 산이 없어질 것이 분명하기 때문이었다. 그래서 그들은 옥황상제께 그 일을 보고했다. 우공이 산을 옮기고 있다는 보고를 받은 옥황상제는 우공의 정성과 인내심에 감동했다. 그래서 그를 돕기로 결정하고 어느 날 밤 거인 두 명을 내려보내서 산 하나는 동쪽 끝으로, 다른 하나는 남쪽 끝으로 옮겨놓도록 했다.

다음날 아침 마을 사람들이 문을 열고 나와보니 어제까지만 해도 앞뒤를 가로막고 있던 산이 사라져 평평하게 길이 뚫려 있었다.

※ '어리석게 보이는 일도 꾸준히 끝까지 한다면 그것이 아무리 큰일이라도 할 수 있다'는 고사성어 '우공이산愚公移山'의 출처가 되는 이야기다. 역자 주

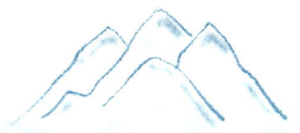

신선의 나라

우禹임금은 홍수를 막느라고 정신없이 돌아다니다가 길을 잃고 북쪽 끝에 있는 나라에 도달했다. 궁전이 있는 중원中原에서 얼마나 멀리 떨어졌는지 모를 정도로 까마득히 먼 곳이었다.

그 나라에는 이상한 것이 많았다. 사람들은 자기들이 살고 있는 땅의 경계가 어디까지인지도 모르고 있었으며, 바람이 불지 않고 비와 눈도 내리지 않았다. 나무와 숲도 없고 짐승과 새도 없었으며, 사방이 평평한 초원이었다. 그 평원 가운데에 호리병처럼 생긴 산이 있는데, 그 산꼭대기에 샘이 있었다. 그 샘에서 솟아나는 물은 달콤하고 향기로웠으며, 네 줄기 맑은 시내가 되어 사방으로 흐르면서 온 땅을 적셨다. 기후도 온화하고 조화로웠다. 사람들은 부드럽고 친절했으며, 자연에 순응하며 살면서 다투지도 않고 싸우지도 않았다. 잘난 척하는 사람도 없고 질투하거나 소란을 피우는 사람도 없었다. 남녀노소 모두가 조화롭게 살고 있었다. 임금도 없고 정치가도 없었으며, 남녀가 서로 자유롭게 어우러져 살고 있었다. 결혼하는 풍습도 없었다. 그때그때 서로 적절히 어울려 짝도 맺고 아이도 낳았다.

농사도 짓지 않고 길쌈도 하지 않았다. 모든 사람이 벌거벗은 채 산에서 흘러 내려오는 물만 마시고 살았다. 백 살 이전에 죽는 사람이 없었고, 사는 동안 병으로 고생하거나 사고로 일찍 죽는 사람도 없었다. 모든 사람이 행복과 만족 속에서 살고 있었다. 그들은 근심, 걱정, 슬픔, 쇠약함, 고통, 죽음에 대한 두려움 같은 것을 전혀 모르고 있었다.

그곳 사람들은 음악과 노래를 좋아하여 하루 종일 춤추고 노래하며 지냈다. 그러다가 배가 고프거나 피곤해지면 산에서 흘러내리는 물을 마셨다. 그러면 원기가 회복되어 생기가 철철 넘쳤다. 그 물을 너무 많이 마시면 깊이 잠들었는데, 그러면 열흘이 지나서야 깨어났다. 그 물로 목욕을 하면 피부에 윤기가 돌고 성성해졌으며, 여러 날 동안 몸에서 향기가 났다.

주나라 목임금이 북쪽 지방을 여행하다가 그 나라를 방문하게 되었다. 그는 돌아가는 것을 잊고 그 나라에서 3년 동안이나 지냈다. 왕실로 돌아온 후에도 그 나라를 상상하며 넋이 나간 사람처럼 지냈다. 좋아하던 술과 고기와 어여쁜 궁녀도 눈에 들어오지 않았다. 그렇게 몇 달을 지낸 후에야 정신을 차렸다.

제나라 환공桓公의 자문 역할을 하던 관중管仲이 그런 이상한 나라가 있다는 이야기를 듣고 환공을 설득하여 함께 그 나라를 방문하기로 했다. 그러자 관중과 환공이 이상한 나라를 방문할 계획을 세웠다는 이야기를 들은 습붕隰朋이라는 신하가 환공을 만류했다.

"폐하, 그 계획을 거두소서. 제나라는 땅도 넓고, 백성도 많으며, 산천도 아름답고, 물산도 풍부하며, 사람들이 예의도 바릅니다. 그들의 의복도 아름답고, 충성스러운 신하들이 조정에 가득하며, 폐하께서 한 번 호령하시면 백만의 군사들이 움직이고, 손을 한 번 내저으시면 사방의 제후들이 머리를 조아립니다. 어찌하여 폐하의 뜻대로 할 수 있는 이 나라를 떠나 미개한 변방 나라를 방문하시려는 것입니까? 관중이 늙어서 판단력이 흐려진 것 같은데, 어찌 그의 말을 따르려고 하십니까?"

환공은 습붕의 말을 그대로 관중에게 전했다. 그러자 관중이 말했다.

"이는 본래 습붕 같은 사람이 이해할 수 있는 일이 아닙니다. 제 나라가 풍요롭고 아름다운 것은 사실입니다. 하지만 여기에 미련을 가져서 더 좋은 신선의 나라를 보지 못한다면 불행한 일이지요. 신은 오로지 살아서 그 나라를 보지 못하게 될까봐 그것이 두려울 뿐입니다."

공자도 모르는 것

　공자가 어느 마을을 지나다가 두 아이가 말다툼하는 것을 보았다. 그 까닭을 물으니 한 아이가 말했다.
　"저는 해가 아침에 떠오를 때 우리에게 가깝고, 낮에 중천에 오르면 멀어진다고 생각해요."
　다른 아이가 말했다. "저는 아침에 해가 멀리 있다가, 낮이 되면 가까워진다고 생각해요."
　앞의 아이가 다시 말했다. "아침에 해가 떠오를 때는 쟁반만하다가 낮이 되면 접시만해져요. 멀리 있는 것은 작게 보이고 가까이 있는 것은 크게 보이니까, 해가 접시만한 낮보다 쟁반만한 아침에 더 가까이 있는 것 아닌가요?"
　다른 아이가 질세라 말했다. "아침에 해가 뜰 때는 서늘하지만 낮이 되면 더워요. 불은 멀리 있을 때보다 가까이 있을 때 더 뜨거우니까, 서늘한 아침보다 더운 낮에 해가 더 가까이 있는 것 아닌가요?"
　공자는 누구 말이 맞고 누구 말이 틀리다고 말할 수가 없었다. 그러자 아이들이 깔깔거리며 말했다.
　"선생님도 모르시는 것이 있어요?"

균형의 이치를 알면 못할 일이 없다

첨하詹何라는 사람은 누에고치에서 실을 뽑아 낚싯줄을 만들고, 아주 가는 바늘로 낚싯바늘을 만든 다음에 가는 싸리나무 가지로 낚싯대를 만들었다. 그리고 곡식의 낱알을 아주 작게 쪼개서 미끼를 만들었다. 그런데도 백 길이나 되는 깊은 급류에서 사람이 들 수 없을 정도로 커다란 물고기를 낚아 올렸다. 이때 낚싯줄도 끊어지지 않았고, 낚싯바늘도 구부러지지 않았으며, 낚싯대도 부러지지 않았다.

첨하가 신기할 정도로 낚시를 잘한다는 소문이 초나라 군주의 귀에 들어갔다. 그는 기이하게 여기고 첨하를 불러 방법을 물었다.

첨하가 대답했다.

"제가 돌아가신 아버님께 포저자蒲且子라는 사람의 이야기를 들었는데, 그가 약한 화살촉에 가는 줄을 매어 바람에 실어 쏘면 푸른 구름 사이로 날아가는 왜가리 한 쌍이 한꺼번에 떨어졌다고 합니다. 어떻게 그렇게 할 수 있느냐면 마음을 한데 모으고 힘을 고르게 주어 화살촉을 날렸기 때문이라고 합니다. 저는 포저자의 활 쏘는 방법을 본받아서 낚시 연습을 한 지 오 년 만에야 비로소 그 방법을 터득하게 되었습니다.

강가에서 낚싯대를 드리우고 있을 때면 다른 것은 아무것도 생각하지 않고 오로지 물고기만을 생각했습니다. 낚싯줄을 던져 낚싯바늘이 물속에 잠기면 제 손의 힘은 낚싯대에서 낚싯바늘까지 고르게 미칩니다. 이때 손에는 가볍고 무거운 느낌이 없습니다. 그러면 물고기가 제가 바늘에 달아놓은 미끼를 티끌이나 물거품으로 여겨 의심하지 않고 덥석 물어버립니다.

바늘에 걸린 물고기를 꺼낼 때에도 힘을 고르게 줍니다. 그러면 낚싯줄이 가늘고 약하더라도 큰 물고기를 건져올릴 수 있습니다. 약한 것으로 강한 것을 다스릴 줄 아는 이런 이치를 알면 약한 것으로 강한 것을 끌어올릴 수 있습니다. 대왕께서도 이런 균형의 이치로 나라를 다스린다면 온 천하를 손아귀에 넣고 다스리실 수 있을 것입니다. 균형의 이치만 터득하신다면 못할 일이 없을 것입니다."

"그래! 옳은 말이다."

초나라 군주는 탄복했다.

심장을 바꾸다

　노나라 사람 공호公扈와 조나라 사람 제영齊嬰이 병이 나서 앓다가 명의인 편작扁鵲을 찾아가서 치료를 부탁했다. 편작은 두 사람의 병을 고쳐주었다. 그런 다음 이렇게 말했다.
　"당신들의 병은 밖에서 나쁜 기운이 침입해서 생긴 것이라서 침과 약으로 고쳤지만 평생 따라다닐 병이 아직 남아 있소. 내가 그 병을 고쳐주고 싶은데 당신들 생각은 어떻소?"
　편작의 이 말에 두 사람이 대답했다.
　"말씀은 고맙습니다만, 우선 저희들이 가지고 있는 병이 어떤 병인지 증세부터 알려주시겠습니까?"
　편작이 공호에게 말했다.
　"당신은 의지는 강하지만 기질이 약하오. 그래서 무슨 일을 잘 계획하고 시작하지만 끝까지 밀어붙이지 못해서 결실을 맺는 일이 별로 없을 것이오."
　이번에는 제영에게 말했다.
　"당신은 기질은 강하지만 의지가 약하오. 그래서 무슨 일을 계획하거나 잘 시작하지는 못하지만 일단 시작하면 끝장을 보고야 말 것이오. 당신들의 기질을 잘 섞어놓으면 아주 이상적일 텐데… 어떻소, 나한테 한 번 맡겨보지 않겠소?"

두 사람은 자기들의 단점 때문에 늘 고민해왔던 터라 쾌히 승낙했다. 편작은 두 사람에게 독한 술을 마시게 하여 사흘 동안 혼수상태에 빠져 있게 했다. 그들이 혼수상태에 빠져 있는 동안 편작은 두 사람의 가슴을 째고 심장을 꺼내 서로 바꿔 넣었다. 그리고 정신을 차리게 하는 약을 먹여 의식을 회복시켰다.

두 사람은 무슨 일이 있었는지도 모르고 편작에게 고맙다고 인사한 뒤 집으로 돌아갔다. 그런데 두 사람은 마음이 바뀌어 있었기 때문에, 자기 집으로 간다는 것이 서로 다른 이의 집으로 갔다. 공호가 집에 갔으나 아내와 자식들이 알아보지 못했다. 제영도 마찬가지였다. 어찌된 영문인지를 알게 된 두 집안 사람들이 소송을 제기했다.

판사는 편작에게 어찌 된 일인지 설명하라고 했다. 편작은 두 사람의 심장을 바꿔 넣게 된 사유를 설명했다. 편작의 설명을 들은 판사는 편작의 말을 듣고 두 집안에서 제기한 소송을 기각했다.

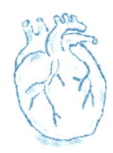

참다운 벗을 잃다

백아伯牙는 거문고를 잘 타는 것으로 유명했다. 종자기鍾子期는 백아의 거문고 소리를 누구보다 잘 이해했다. 그래서 두 사람은 아주 친한 친구가 되었다.

어느 날 백아가 높은 산을 올라가는 광경을 머릿속으로 그리면서 거문고를 탔다. 그러자 종자기가 "좋다, 좋아! 아아, 높은지고 우뚝 솟은 태산이여!"라고 맞장구를 쳤다. 또 어느 날 백아가 흐르는 물을 상상하면서 거문고를 탔다. 그러자 종자기가 "좋다, 좋아! 의기양양 흘러가는 양자강에 황하로다!"라고 맞장구를 쳤다. 이처럼 백아가 어떤 상상을 하면서 거문고를 타든지 종자기는 금방 알아차렸다.

어느 날 백아는 태산 북쪽으로 놀러갔다가 갑자기 폭우를 만나게 되어 큰 바위 밑에서 비를 피하면서 인생무상을 느낀 일이 생각났다. 그는 천천히 그 장면을 회상하면서 거문고를 타기 시작했다. 처음에는 소낙비가 쏟아지는 것을 상상하면서 거문고를 탔다. 그러자 종자기가 말했다.

"아하, 소나기가 쏟아지는군."

다음에는 태산이 무너지는 것을 상상하면서 거문고를 탔다. 그러자 종자기가 말했다.

"아하, 이번에는 태산이 무너지는군."

백아는 종자기의 감상 실력에 감탄하지 않을 수 없었다. 그래서 거문고를 내려놓으면서 말했다.

"대단하네. 자네는 내 속에 들어와 있는 것 같군. 그대를 위해서라면 내 언제라도 거문고를 타겠네."

그 후 종자기가 죽자 백아는 거문고를 집어던지고 다시는 연주하지 않았다고 한다.

※ '자기를 이해해주는 참다운 벗의 죽음을 슬퍼한다'는 뜻의 고사성어 '백아절현伯牙絶絃'의 출처가 되는 이야기다. 역자 주

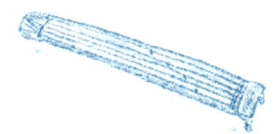

뛰는 놈 위에 나는 놈

주나라 목임금이 서쪽 지방으로 순행을 나갔다. 곤륜산을 넘어 엄산弇山까지 갔다가 돌아오는 길에 무엇이든지 못 만드는 것이 없다는 기술자를 만났다. 목임금이 물었다.

"자네는 못 만드는 것이 없다고 소문이 났던데 그게 사실인가?"

"예, 그렇습니다. 폐하께서 만들라고 하면 무엇이든지 만들어드리지요. 하지만 제가 이미 만들어둔 것이 하나 있는데 그것을 먼저 구경하시지요."

"오늘은 늦었으니 내일 보는 것이 어떻겠나?"

"예. 그렇게 하시지요, 폐하."

기술자는 다음날 사람을 한 명 데려왔다. 그러자 목임금이 물었다.

"아니 자네가 만든 것을 보여준다더니 만든 물건은 왜 안 가져오고 엉뚱하게 사람을 데려왔는가?"

"아닙니다, 폐하. 이것은 사람이 아니라 제가 만든 움직이는 인형입니다. 움직이기만 하는 것이 아니라 노래도 부르고 춤도 출 줄 아는 놈입니다."

목임금이 놀라서 가만히 살펴보니 걷는 모습이라든가 몸을 굽혔다 폈다 하는 것이 영락없는 사람이었다.

목임금은 눈이 휘둥그레져서 그 인형을 쳐다보았다. 게다가 그 인형은 기술자가 인형의 손을 받들어주자 박자에 맞춰 춤을 추며 노래를 부르기 시작했다. 임금은 인형이 움직이는 것이 신기하기도 하고 놀랍기도 하여 동행했던 후궁과 신하들을 불러서 함께 구경했다.

움직이는 인형의 공연이 끝날 무렵이 되자 인형이 윙크를 하면서 후궁들에게 추파를 던졌다. 화가 머리끝까지 치솟아 오른 임금은 그 자리에서 그것을 만든 기술자를 죽이려고 했다. 기술자는 겁에 질려 얼굴이 백지장처럼 변했다. 그러나 즉시 정신을 차리고 서둘러서 인형을 해체하여 임금 앞에 조각조각 늘어놓았다.

임금은 늘어놓은 조각들을 자세히 살펴보았다. 모두 가죽과 나무에 여러 가지 색을 칠해서 아교로 붙여놓은 것들이었다. 자세히 살펴보니 안에는 간, 쓸개, 심장, 허파, 콩팥, 위, 창자가 있었고 밖에는 뼈, 근육, 치아, 피부, 털이 있었다. 모두가 인조물인데 사람이 갖추고 있는 것은 다 갖추고 있었다.

기술자는 해체된 각 부분을 다시 붙였다. 그랬더니 처음의 모습과 똑같이 되었다. 임금은 시험삼아서 심장을 떼내보았다. 그랬더니 말을 하지 못했다. 간을 떼내보았더니 시력을 잃고 보지를 못했다. 콩팥을 떼내보았더니 걷지를 못했다.

목임금은 너무 신기한 나머지 감탄하며 말했다.

"자네의 솜씨는 조물주에 버금가는구나!"

임금은 기술자를 수레에 태워 왕궁으로 데려왔다. 그 시대에 반수班輸라는 사람은 성을 공격할 때 쓰는 이동식 접는 사다리를 발명했고, 묵적墨翟이라는 사람은 사람이 타고 날아다닐 수 있는 솔개처럼 생긴 연을 발명했다. 그들은 자기들이 이 세상에서 제일 뛰어난 발명가라고 생각하고 있었다. 그러나 사람과 똑같은 인형을 만든 사람이 있다는 이야기를 전해 듣고 이구동성으로 말했다.

"뛰는 놈 위에 나는 놈 있구나!"

그날 이후 반수와 묵적은 자기들이 발명가라는 소리를 감히 입 밖에 내지 못했다. 그리고 발명품을 만들 때 사용했던 모든 연장을 내던져버리고 끌과 자 같은 기초적인 목공 도구만을 손에 잡았다고 한다.

천하 제일의 궁수

감승甘蠅이라는 사람은 유명한 궁사였다. 화살이 빗나가는 일이 한 번도 없었기 때문에, 짐승들은 그가 활을 겨누기만 해도 무서워서 땅바닥에 엎드렸고 새들은 공중에서 내려와 숨었다.

그에게는 비위飛衛라는 제자가 있었다. 그는 스승에게 궁술을 배워 그 실력이 스승을 능가할 정도가 되었다. 그러던 어느 날 기창紀昌이라는 사람이 비위에게 궁술을 배우려고 찾아왔다. 비위가 기창에게 말했다.

"그대는 궁술을 배우기 전에 우선 눈을 깜박이지 않는 것부터 배워야 하오. 눈을 깜박이지 않을 수 있어야 궁술을 배울 수 있소."

이 말을 들은 기창은 집으로 돌아가서 아내가 비단을 짜고 있는 베틀 아래 누워서 눈을 똑바로 뜨고 베틀의 북이 왕래하는 모습을 지켜보는 훈련을 했다. 그러기를 이 년, 그제야 누가 송곳 끝으로 눈을 찌르려고 해도 꿈쩍하지 않을 정도가 되었다. 그는 비위를 찾아가서 자기의 훈련 결과를 이야기했다. 그랬더니 비위가 말했다.

"아직 부족하오. 보는 법을 익히고 난 다음에야 진짜 궁술을 배울 수 있소. 보는 법을 연습하는 방법은 이렇소. 먼저 작은 물건을 크게 보고, 희미한 물체를 뚜렷하게 보는 연습을 해야 하오. 그렇게 연습한 다음에 다시 오시오."

기창은 비위가 일러준 대로, 말꽁무니에서 털 한 가닥을 뽑아 그것으로 벼룩을 묶어 천장에 매달아놓았다. 그리고는 멀찍이 앉아서 그것을 응시했다. 열흘쯤 지나자 벼룩이 차츰차츰 크게 보이기 시작했다. 삼 년이 지나자 벼룩이 수레바퀴만하게 보이고, 눈에 들어오는 것들이 모두 큰 언덕이나 높은 산처럼 보였다.

기창은 보는 힘이 이렇게 강해진 다음에, 연나라에서 난 뿔로 만든 활과, 북쪽 나라에서 만든 봉이라는 유명한 화살을 구해다가 천장에 매달아놓은 벼룩을 쏘았다. 화살은 벼룩의 심장을 정통으로 꿰뚫었다. 그런데도 벼룩의 몸에서 털 하나도 떨어져 나가지 않았고, 묶어놓은 말총도 끊어지지 않았다. 정말로 놀라운 솜씨였다. 그는 헐레벌떡 달려가서 비위에게 이것을 이야기했다. 비위는 그의 말을 듣고 감격해서 벌떡 일어나며 말했다.

"아아, 그대는 궁술의 오묘한 비법을 마침내 터득하였군!"

기창은 비위의 오묘한 궁술을 다 배운 다음 천하를 둘러보니 자기의 궁술에 필적할 사람은 오직 비위 한 사람뿐이었다. 그러자 비위만 없다면 자기가 천하 제일의 궁수가 될 것이라는 생각이 들었고, 비위를 없애버릴 생각을 품게 되었다.

어느 날 두 사람은 넓은 들판에서 만나게 되었다. 비위는 제자인 기창이 자기를 해치려는 기색을 보이자 할 수 없이 활로 대결을 하게 되었다. 두 사람은 양쪽에서 동시에 활을 쏘았다. 두 사람이 쏜 화살은 공중 한가운데서 충돌하여 땅으로 떨어졌다. 그러나 땅에서는 먼지도 일지 않았다. 이렇게 하기를 몇 차례, 비위의 화살이 먼저 바닥이 났다.

기창은 남아 있던 화살 하나를 비위를 향해 쏘았다. 비위는 길에서 바늘같이 가는 가시 하나를 재빨리 집어 들고 그것을 쏘아 날아오는 화살을 막았다. 이번에도 화살과 화살이 충돌하여 땅에 떨어질 때와 조금도 다름이 없었다.

이에 기창은 비위를 살해하려고 했던 것을 후회하고, 활을 내던지고 비위에게 절하며 아들로 삼아 달라고 청했다. 두 사람은 팔을 찔러 피로 맹세를 했다. 그리고 자기들의 궁술을 아무에게도 알려주지 않기로 했다.

최고의 말몰이꾼이 되려면

주나라 목임금의 유명한 수레 몰이꾼인 조보造父는, 태두泰豆라는 사람에게 수레 모는 법을 배웠다고 한다. 조보는 처음에 그에게 말 부리는 법을 배우기 위해 스승을 극진히 받들어 모셨지만, 태두는 3년 동안 아무것도 가르쳐주지 않았다. 조보는 더욱 극진히 스승을 모셨다. 그러자 태두가 입을 열었다.

"옛 사람의 가르침 가운데 '좋은 활을 만들고자 하는 사람은 반드시 먼저 대나무로 키를 만들어봐야 하고, 훌륭한 갑옷을 만들고자 하는 사람은 반드시 먼저 가죽으로 옷을 만들어봐야 한다'는 말이 있다. 마찬가지로 자네가 말 모는 법을 배우려면 반드시 먼저 내 걸음걸이를 배워야 한다. 자네의 걸음걸이가 내 걸음걸이와 같아지면 그때는 여섯 가닥의 말고삐를 한 손에 쥐고 육두마차를 몰 수 있을 것이다."

태두는 발 하나 겨우 디딜 만한 너비의 긴 판자를 바닥에 깔아놓고 그 위를 재빠르게 걸어 다녔다. 그러면서도 발을 헛디디는 일이 없었다. 조보는 스승이 보여준 것처럼 걷는 연습을 했는데, 사흘 만에야 한 번도 발이 미끄러지지 않고 판자 위를 걸어 다니게 되었다. 그것도 스승처럼 빠른 속도로 걸어 다닐 수 있게 되었다. 그것을 보고 태두가 감탄하며 말했다.

"자네는 몸이 참 민첩하군. 정말 놀라운 일이야. 그런데 말 모는 법도 좁은 판자 위를 재빠르게 걷는 것과 하나도 다르지 않다네. 자네가 아까 판자 위를 재빠르게 걷는 모습을 보았더니 발걸음과 마음이 하나로 통일되어 있었네. 그렇기 때문에 좁은 판자 위에서 재빠르게 움직이면서도 발을 헛디디는 일이 없었던 것이지.

말도 같은 원리로 몰면 된다네. 수레와 말을 가지런하게 세우고, 말에 고삐와 재갈을 물릴 때나, 말에 수레를 달고 달릴 때는 고삐를 너무 급하게 잡아당겨도 안 되고 또 너무 천천히 잡아당겨도 안 된다네. 급하게 당길 필요가 있을 때는 급하게 당기고, 천천히 당길 필요가 있을 때는 천천히 당겨서 그때그때 율동에 맞추되, 윗입술과 아랫입술이 딱 들어맞는 것처럼 잘 맞아야 하네.

이런 점을 마음에 잘 새겨두고 말고삐를 손아귀 속에서 잘 조절해가면, 손을 통해서 감지되는 느낌으로 말의 뜻을 알아차려 말과 하나가 될 수 있다네. 그렇게 되면 말을 앞으로 몰든 뒤로 몰든 말이 똑바로 가고, 옆으로 돌아갈 때에도 원하는 방향으로 똑바로 가게 된다네. 그러면 아무리 먼 길을 가더라도 말과 사람이 지치지 않는데, 그렇게 되어야 비로소 말몰이의 묘리를 터득했다고 할 수 있지.

정리해서 말하자면 재갈의 울림은 말고삐에 반영시키고, 말고삐의 울림은 손에 반영시키며, 손의 울림은 마음에 반영시키면 된다는 말이네. 그러면 눈으로 볼 필요도 없고 채찍을 사용할 필요도 없으므로 몸과 마음이 한가롭게 쉴 수 있지. 이런 상태에서는 여섯 필의 말고삐가 조금도 흐트러지지 않고, 말발굽 스물네 개가 조금도 어긋나지 않으면서 전후좌우로 질서 있게 움직인다네. 이렇게 되면 수레바퀴가 굴러가지 못할 곳이 없게 된다네. 아무리 험한 산악 지대라도 수

레가 흔들리지 않게 몰아갈 수 있고, 질퍽한 늪에서도 평야처럼 달릴 수 있다네. 내가 아는 말을 모는 방법은 이것이 전부니, 내 말을 마음에 깊이 새겨두도록 하게."

아픔은 느끼되 상처는 남지 않는 칼

　위魏나라의 흑란黑卵이 사사로운 원한으로 구병장丘邴章이라는 사람을 죽였다. 구병장의 아들 내단來丹은 아버지의 원수를 갚고야 말겠다고 다짐했다. 그러나 내단은, 기질은 매우 사나웠으나 몸이 허약했다. 얼마나 허약한지 바람이 부는 날에는 밖에 나가지도 못할 정도였다. 마음속은 아버지의 원수를 갚겠다는 분노로 들끓었으나 보복할 힘이 없었다. 그런데도 자존심은 강해서 남에게 도움을 청하는 것을 수치로 여기고, 항상 칼을 몸에 지니고 다니면서 언제라도 흑란을 죽여버리겠다고 벼르고 있었다.
　흑란은 의지가 강철같이 강할 뿐만 아니라 몹시 사나웠다. 기골이 장대했고, 힘은 백 사람을 대적할 만했다. 칼로 그의 목을 치면 칼이 휘고, 화살로 가슴을 쏘면 화살촉이 부러졌다. 그의 몸에는 칼이나 활에 맞은 자국조차 남지 않았다. 그는 자기의 힘을 믿고 자기에게 보복하려고 하는 내단을 마치 병아리 보듯 무시했다.
　어느 날 신타申他라는 내단의 친구가 말했다.
　"자네는 흑란에게 복수하려고 벼르고 있을지 몰라도, 흑란은 자네를 검불 정도로만 여기고 있네. 그런데 과연 자네가 흑란에게 복수를 할 수 있겠는가?"
　내단이 자존심을 꺾고 말했다.

"자네가 좀 도와주게나."

신타가 말했다.

"듣자 하니 위衛나라에 공주孔周라는 사람에게 은나라 황제에게서 하사받은 보검이 대대로 전해온다고 하더군. 그 보검은 어린아이가 차더라도 큰 나라의 대군을 물리칠 수 있을 정도라고 하더군. 그 사람한테 가서 도움을 요청해보게."

내단은 그 말을 듣고 당장 위나라로 달려가서 공주를 만나 종노릇이라도 할 테니 가지고 있는 보검을 빌려 달라고 했다. 그러자 공주가 말했다.

"내가 조상에게서 물려받은 칼이 세 개 있는데 그 가운데서 원하는 것을 하나 빌려주겠네. 하지만 그것들은 모두 사람을 죽일 수 없는 신비한 칼이라는 것을 먼저 알아두기 바라네.

첫째 칼은 함광숨光이라고 부르는 것인데, 광채를 속에 숨기고 있어서 휘둘러도 눈에 보이지 않고, 그것이 사람 몸을 베어도 베인 감각을 느끼지 못하고 물건에 스쳐도 아무 자국이 남지 않는다네.

둘째 칼은 승영承影이라고 부르는 것인데, 날이 새는 무렵과 해가 지는 저녁 무렵에 칼을 북쪽에 놓고 보면, 어슴푸레 모습이 보이기는 하나 있는 것 같기도 하고 없는 것 같기도 하여 명확하게 보이지 않는다네. 그것이 몸에 닿으면 무엇이 스치는 것 같은 느낌이 있으나, 상처가 나지도 않고 아프지도 않다네.

셋째 칼은 소련宵練이라고 부르는 것인데, 대낮에는 그림자를 볼 수 있으나 빛이 보이지 않고, 밤에는 빛이 보이나 형체는 보이지 않는다네. 그것으로 사람을 베면 갈라지되 곧 아물며, 아픔은 느끼되 상처는 남지 않는다네.

　이 세 보검은 13대 동안이나 전해 내려온 것이라네. 하지만 아직 한 번도 써본 일이 없다네."

　공주의 설명을 들은 내단은 비록 사람을 죽일 수는 없다지만 세 번째 칼인 소련을 빌려 달라고 했다. 공주는 가족들의 만류를 뿌리치고 내단과 함께 일주일 동안 재계한 다음 그 칼을 내주었다. 내단은 칼을 받고 절을 하며 고맙다고 인사하고 집으로 돌아왔다.

　자신감이 생긴 내단이 칼을 들고 흑란을 찾아갔다. 마침 흑란은 술에 취해 곯아떨어져 있었다. 내단은 술에 취해 자고 있는 흑단을 목에서 허리까지 길게 세 차례나 베었다. 그러나 흑란은 움찔거리지도 않고 그대로 곯아떨어져 있었다. 내단은 이제 원수를 갚았다고 생각하고 서둘러 도망쳤다. 내단은 도망치다가 대문 앞에서 흑란의 아들과 마주쳤다. 내단은 칼을 휘둘러 흑란의 아들도 세 번 내리쳤다. 그러나 흑란의 아들은 무슨 일이냐는 듯이 눈을 말똥말똥 뜨고 쳐다보면서 말했다.

　"무엇 때문에 그렇게 세 번씩이나 손짓을 했는가?"

　내단은 그 칼로는 사람을 죽일 수 없다는 것을 알고 탄식하며 집으로 돌아왔다.

술에서 깨어난 흑란은 목이 아프고 허리가 결렸다. 그래서 아내를 불러 호통을 치면서 말했다.

"내가 술에 취해 찬 데서 이불도 안 덮고 잠이 들었는데 그냥 두었단 말이오? 온몸이 쑤시고 안 아픈 데가 없군."

그 말을 듣고 아들이 말했다.

"아버님, 제가 조금 전에 대문 앞에서 내단을 만났는데 그놈이 저에게 세 번이나 손짓을 하더라구요. 그런데 그가 손짓을 한 뒤 저도 몸이 아프고 팔다리가 뻣뻣하네요. 아마 그놈이 아버님과 저에게 무슨 이상한 짓을 했나 봅니다."

제6편 역명力命

자유의지와 운명

사람의 힘, 하늘의 힘

사람의 힘을 관장하는 인력人力이 하늘의 힘을 관장하는 천명天命에게 말했다.

"이 세상은 당신이 없어도 나의 공功만으로 잘 돌아갑니다."

그러자 천명이 말했다.

"그대의 힘이 대체 얼마나 대단하기에 이 세상이 그대의 힘으로 돌아간다는 것인가?"

이 말에 인력은 자기의 힘에 대해 열거하기 시작했다.

"사람의 수명이 길고 짧은 것, 출세하고 못 하는 것, 빈부와 귀천의 차이가 나는 것이 다 나의 힘으로 되는 것이오."

그러자 천명이 반문했다.

"옛날 팽조彭祖의 지혜는 요임금이나 순임금보다 못했지만 팔백 년이나 살았고, 공자의 제자 안연顔淵의 재주는 보통 사람보다 뛰어났지만 겨우 서른두 살까지밖에 살지 못했으며, 공자의 덕망은 모든 제후들보다 탁월했지만 진陳나라와 채蔡나라 사이에서 곤경에 처했고, 은나라 주紂임금의 행실은 세 명의 어진 신하들만도 못했지만 임금 자리에 있었으며, 오吳나라 사람 계찰季札은 현자였지만 벼슬을 하지 못했고, 제나라 사람 전항田恆은 오만방자한 사람이었지만 제나라를 차지했으며, 백이伯夷와 숙제叔齊는 어진 사람이었지만 수양산에서 굶어 죽었고, 노나라 사람 계季씨는 탐욕스러웠지만 청렴결백한 전금展禽보다 부유했다.

만약 이런 것이 그대의 힘으로 할 수 있는 것이라면, 어떤 사람은 오래 사는데 어떤 사람은 요절하고, 성인은 궁하게 사는데 역적의 무리들은 떵떵거리며 살고, 지혜로운 사람은 천대받는데 어리석은 사람은 귀한 대접을 받으며, 착한 사람은 가난한데 악한 사람은 부유하게 하는 이유는 무엇인가?"

그러자 인력이 반문했다.

"만약 당신의 말대로라면 나는 세상이 돌아가는 것에 아무것도 한 일이 없다는 뜻인데, 그렇다면 이 모든 것이 당신이 하는 일이오?"

천명이 말했다.

"나는 어떤 것에 대해서도 이렇게 하라 저렇게 하라 하지 않는다. 나는 곧은 것은 곧은 대로 나아가게 하고, 굽은 것은 굽은 대로 놔둔다. 그래서 오래 살 사람은 오래 살고 일찍 죽을 사람은 일찍 죽으며, 출세할 사람은 출세하고 출세하지 못할 사람은 출세하지 못하고, 귀한 대접을 받을 사람은 귀한 대접을 받고 천한 대접을 받을 사람은 천한 대접을 받는다. 부유하고 가난한 것도 다 저절로 되는 것이다. 내가 꾸미는 일이 아니다."

말 한마디에 눈뜨다

　북쪽에 사는 어떤 사람이 서쪽에 사는 친구에게 말했다.
　"나와 그대는 같은 시대에 태어났소. 그런데 세상 사람들은 그대에게는 관직을 맡기면서 나에게는 아무것도 맡기지 않소. 그대와 나는 집안 형편이 비슷한데도 사람들은 그대만을 존중하고 나는 멸시하오. 그대와 나는 용모가 비슷한데도 사람들은 그대를 좋아하고 나를 싫어하오. 그대와 나는 말솜씨가 비슷한데도 사람들은 그대의 말은 믿으면서 내 말은 믿으려 하지 않소. 그대와 나는 비슷한 행동을 하는데도 사람들은 그대는 성실한 사람으로 보고 나는 위선자라고 보오. 그대와 나는 똑같이 농사를 짓는데도 사람들은 그대에게는 후하게 대하고 나에게는 박하게 대하오. 그대와 나는 똑같이 장사를 하는데도 사람들은 그대에게서만 물건을 사려고 하고 나에게서는 물건을 사려고 하지 않소.
　나는 지금 남루한 옷을 입고, 찧지 않은 낟알로 밥을 해먹고, 다 쓰러져가는 초가집에서 살고, 외출을 할 때는 걸어서 다니고 있소. 그런데 그대는 화려한 비단옷을 입고, 기름이 잘잘 흐르는 흰 쌀밥을 먹으며, 으리으리한 기와집에서 살고, 외출할 때는 네 필의 말이 끄는 마차를 타고 다니고 있소. 이게 도대체 어떻게 된 일이오? 그대의 덕이 나보다 낫기 때문이오?"

이에 서쪽에 사는 친구가 대답했다.

"나도 모르겠소. 그대는 일을 하면 사사건건 안 되고 나는 일을 하면 척척 잘되니, 나는 이것이 덕이 후하고 박한 데서 생기는 결과가 아닐까 생각하오. 그대의 모든 것이 나와 똑같다는 생각은 잘못된 생각인 것 같소."

북쪽에 사는 친구는 무안하여 아무 대답도 못 하고 돌아갔다. 집으로 돌아가는 길에 우연히 현자로 알려진 동곽 선생을 만났다. 동곽 선생이 물었다.

"어디에 갔다 오는 길인가? 도대체 어디에 갔다 오기에 어깨가 축 늘어지고 발걸음이 그렇게 무거운가?"

북쪽에 사는 사람이 자초지종을 이야기했다. 그러자 동곽 선생이 말했다.

"내가 자네의 부끄러워하는 마음을 없애주겠네. 함께 서쪽에 사는 그대의 친구를 찾아가보세."

서쪽에 사는 친구의 집에 이르자 동곽 선생이 물었다.

"자네는 어째서 친구를 이렇게 부끄러워하게 만들었는가? 어디 그 이유를 좀 들어보세."

서쪽에 사는 사람이 말했다.

"그게 어찌 모욕이 되겠습니까? 저 친구가 저에게, 자기와 나는 같은 시대에 태어나서 비슷한 집안 형편에서 살고 있으며, 나이 역시 같고, 용모와 언행도 비슷한데도 빈부귀천에 큰 차이가 있는 것이 무슨 이유인지를 물었습니다. 그래서 저는 이렇게 말했지요. '나도 모르겠소. 그대는 일을 하면 사사건건 안 되고 나는 일을 하면 척척 잘되니,

나는 이것이 덕이 후하고 박한 데서 생기는 결과가 아닐까 생각하오. 그대의 모든 것이 나와 똑같다는 생각은 잘못된 생각인 것 같소.' 저는 단지 이렇게 말했을 뿐입니다."

이 말을 듣고 동곽 선생이 말했다.

"자네는 자네가 저 친구보다 재주와 덕이 뛰어나다고 생각하고, 자네의 덕은 두텁고 저 친구의 덕은 별것 아니라는 식으로 말한 것이로군. 하지만 후하고 박한 것은 재주와 덕에 달려 있는 것이 아니라 천명에 달려 있다네. 저 친구는 재주가 뛰어나지만 천명에는 약한 사람이고, 자네는 재주가 별것 아니지만 천명이 후한 사람이라네. 다른 말로 하자면 자네가 하는 일이 모두 술술 풀려서 자네가 부귀영화를 누리고 있는 것은 결코 자네의 덕이 후해서가 아니라 천명이 후해서이며, 저 친구가 곤궁한 처지에서 어렵게 살고 있는 것도 결코 저 친구가 덕이 없거나 어리석어서가 아니라 천명이 약하기 때문이라네. 그런데도 자네는 천명이 후해서 생긴 결과를 마치 자신의 덕이 후해서 생긴 것처럼 자만하고, 저 친구는 사실 덕이 두터운 데도 스스로 덕이 부족해서 곤궁하게 산다고 생각하고 부끄러워하니, 이는 모두 하늘의 이치를 모르기 때문이네."

서쪽에 사는 사람은 동곽 선생의 이 말을 듣고 몸 둘 바를 몰라하며 부끄러워했다.

"선생님, 제발 그만 하십시오. 이제 다시는 그런 말을 입에 올리지 않겠습니다. 감히 더 여쭐 말씀이 없습니다."

북쪽에 사는 사람은 깊이 깨닫고 집으로 돌아갔다. 그날 이후 그는 거칠고 남루한 옷을 입고 있으면서도 고급 털가죽 옷을 입고 있는 것처럼 따뜻하게 느꼈고, 찧지 않은 낟알로 지은 거친 밥을 먹으면서도 꿀처럼 달게 느꼈다. 다 쓰러져가는 초가집에 살면서도 편안했으며, 털털거리는 수레를 타고 가면서도 으리으리한 마차를 타는 것보다 더 편안하게 느꼈다. 죽을 때까지 마음이 항상 평안하고 밝았다. 명예니 치욕이니 하는 것에도 관심을 두지 않았다.

이런 소식을 전해들은 동곽 선생이 말했다.

"그 친구 오랫동안 잠에서 깨어나지 못하더니 말 한 마디에 눈을 떴군. 이토록 쉽게 깨어날 수 있는 것을!"

관중과 포숙아의 우정

관중管仲과 포숙아鮑叔牙는 같은 고향 사람으로서 우정이 두터웠다. 제나라에 함께 살면서 관중은 귀족 규糾를 섬겼고, 포숙아는 귀족 소백小白을 섬겼다.

당시 제나라에는 군주의 총애를 받는 후궁의 소생들이 많았다. 군주는 그들도 모두 왕권을 이을 세자와 똑같이 대우해주었다. 그래서 조정 신하들과 귀족들은 만일 군주가 세상을 떠난다면 세자와, 후궁이 낳은 서자들이 서로 군주의 자리를 차지하려고 싸움을 벌여 나라가 어지러워질 것을 염려했다. 그래서 규는 노나라로 피신하고 소백은 거莒나라로 피신했다.

관중과 포숙아도 그들을 따라 노나라와 거나라로 갔다. 얼마 후 공손무지公孫無知라는 사람이 반란을 일으켰다. 그는 양襄이라는 군주를 죽이고 왕권을 차지했지만, 그 역시 반대파에 의해 피살되었다. 그래서 제나라 군주의 자리가 비게 되었다.

노나라와 거나라로 피신했던 규와 소백은 서로 먼저 귀국해서 왕권을 차지하려고 했다. 이때 규를 섬기고 있던 관중은 거도 지방에서 길을 막고 기다리고 있다가, 노나라에서 추종하는 무리를 이끌고 돌아오는 소백을 맞아 전투를 벌였다. 관중은 소백을 향해 활시위를 당겼다. 그러나 화살은 소백의 허리띠 고리에 맞고 힘없이 떨어졌다. 소백은 이 전투에서 승리하여 제나라 군주의 자리에 올랐고, 관중과 규는 무리를 이끌고 노나라로 다시 도망갔다.

군주의 자리에 오른 소백은 이웃 나라인 노나라를 협박하여 규를 죽이게 했다. 노나라 사람들은 규를 죽이고 관중을 포로로 잡았다. 이때 포숙아는 군주 소백에게 친구인 관중을 위해 탄원했다.

"관중은 능력이 있는 사람입니다. 한 나라의 행정을 책임지고 이끌 만한 인물입니다."

그러자 소백이 말했다.

"그자는 나를 죽이려고 했던 원수요. 나는 그자를 죽일 생각이오."

포숙아가 다시 말했다.

"폐하, 어진 임금에게는 사사로운 원수가 없다고 들었습니다. 그리고 자기 옛 주인에게 충성을 다하는 사람은 새로운 주인에게도 역시 충성을 다할 수 있다고 들었습니다. 만일 폐하께서 천하를 손에 넣고 다스릴 뜻이 있으시다면, 그것은 관중 같은 능력 있는 사람의 도움 없이는 어려울 것입니다. 그를 풀어주고 등용하여 폐하 옆에 두시기를 간청합니다."

소백은 포숙아의 진언을 받아들여 노나라에 붙잡혀 있던 관중을 소환했다. 포숙아는 노나라에서 돌아오는 관중을 국경선까지 나가서 영접했다. 그는 죄인의 수레에 묶여 있는 관중을 풀어주고 함께 궁으로 돌아와 소백에게 데려갔다.

소백은 이미 포숙아의 말을 듣고 관중을 높은 자리에 등용하겠다고 결심한 상태였다. 그래서 관중이 들어오자 정중하게 맞아들였다. 그리고 가장 높은 재상 자리에 앉혔다. 포숙아는 자진해서 관중의 아랫자리로 들어갔다. 소백은 모든 나라 일을 관중에게 맡기고 그를 중보仲父라고 불렀다.

소백은 관중의 도움을 받아 마침내 모든 제후들을 물리치고 천하의 패권을 잡았다. 어느 날 관중이 친구 포숙아에 대하여 이런 감회를 털어놓았다.

"내가 젊어서 가난하게 살 때 포숙아와 같이 장사한 적이 있었다. 이익을 나눌 때면 언제나 내가 더 차지했지만 포숙아는 나를 탐욕스럽다고 욕하지 않았다. 내가 가난하다는 것을 알고 있었기 때문이다.

나는 포숙아와 함께 어떤 일을 꾸몄다가 아주 곤란한 일을 겪게 된 적이 있다. 그렇지만 포숙아는 나를 어리석다고 생각하지 않고 상황이 적당하지 않아서 그렇게 되었다고 덮어주었다.

나는 전에 벼슬에서 세 번이나 쫓겨난 일이 있는데, 포숙아는 나를 무능력자라고 생각하지 않았다. 내가 때를 만나지 못했기 때문이라고 생각했다. 또 전쟁에서 세 번 패한 일이 있는데, 그때도 포숙아는 나를 겁쟁이라고 비난하지 않았다. 오히려 내가 늙은 어머님을 모시고 있기 때문에 할 수 없이 항복했다고 옹호해주었다.

포숙아는, 규가 소백에게 패했을 때 나와 함께 규를 섬기던 소홀은 규와 함께 죽었고 나는 살았지만 나를 절개 없는 사람이라고 비난하지 않았다. 그는 오히려 내가 작은 절개를 지키지 못한 것은 부끄러워하지 않지만 천하에 이름을 날리지 못한 것을 부끄러워하는 통이 큰 사람이라고 칭찬했다. 진실로 나를 낳아준 분은 부모님이지만 나를 알아 준 친구는 포숙아뿐이다."(이 이야기는 '관포지교管鮑之交'에 관한 이야기다. 그리고 소백이라는 사람 역시 사사로운 원한에 얽매이지 않고 능력 있

는 사람을 쓸 줄 알았기 때문에 천하의 패자가 될 수 있었다는 이야기다. 역자 주)

관중과 포숙아가 우정을 잘 지켰다고 할 것도 없고, 소백이 능력 있는 사람을 잘 썼다고 할 것도 없다. 포숙아는 능력 있는 친구를 잘 천거한 것이 아니라 상황이 그 친구를 필요로 했기 때문에 천거한 것이고, 소백 역시 원수를 등용해서 쓸 만큼 통이 큰 사람이 아니라 천하를 손아귀에 넣기 위해서는 관중 같은 사람의 도움이 필요했기 때문에 그를 등용해서 쓴 것이다.

관중이 중한 병에 걸려 자리에서 일어나지 못했다. 그러자 소백이 관중에게 물었다.

"그대의 병이 위중하니 거리낌 없이 말해주는 것이 좋겠소. 그대가 떠나면 과인은 누구에게 나라 일을 맡겨야 좋겠소?"

그러자 관중이 물었다.

"폐하께서는 누구를 마음에 두고 계시는지요?"

"포숙아가 어떨까 하오."

그러자 관중이 정색을 하며 말했다.

"안 됩니다. 포숙아는 인물됨이 청렴결백하고 훌륭한 선비임에는 틀림없지만, 자기보다 못한 사람과는 어울리려고 하지 않고 한 번 듣기 싫은 소리를 들으면 평생 잊지 못하는 성미입니다. 그에게 나라 일을 맡겼다가는 폐하께서 하시는 일에 대해 간섭이 심할 것이고, 백성들의 뜻도 받아들이지 못할 것입니다. 그러면 폐하의 통치가 오래가지 못할 것입니다."

소백이 말했다.

"그렇다면 누가 좋겠소?"

"부득이하다면 습붕이 좋겠습니다. 습붕은 폐하께서 걱정할 필요가 없도록 일을 잘 처리해 나갈 것입니다. 또한 백성들도 그의 말을 잘 따를 것이구요. 그는 자기가 훌륭한 제왕인 황제를 닮지 못한 것을 부끄럽게 여기고, 자기만 못한 사람을 품어줄 줄 아는 사람입니다. 그는 남에게 덕을 베푸는 사람을 성인이라고 생각하고, 재물로 남을 돕는 사람을 현인이라고 생각하는 사람입니다. 그와 같은 마음가짐으로 백성을 다스린다면 온 백성이 그를 존경하고 따를 것입니다. 그는 아직 인생 경험이나 정치 경험이 풍부하지 않지만, 그래도 관중보다는 나을 것입니다."

관중이 포숙아의 우정을 배반한 것이 아니다. 또 관중이 습붕을 특별히 사랑한 것도 아니다. 관중으로서는 그렇게 하지 않을 수 없었던 것이다. 자연스럽게 상황에 따르다보면 처음에 후하게 대했다가 나중에 박하게 대할 수도 있고, 처음에 박하게 대했다가 나중에 후하게 대할 수도 있다. 상황을 무시하고 인위적으로 계속 후하게 대하려고 한다든지 반대로 계속 박하게 대하려고 하는 것은 자신이 하는 일이 아니다.

자기가 맡은 배역을 연기했을 뿐

등석鄧析은 정나라 고위 관리로서 재판을 관장하며 피고의 죄를 꼬집어내어 꼼짝 못 하게 하는 데 명수였다. 그는 애매하게 주장하는 것을 즐겼는데, 덕분에 관료들 사이에서 갈등과 논쟁의 불씨가 되곤 했다.

당시 정나라 재상은 철권통치를 하던 자산子產이었다. 자산은 범죄를 소탕하기 위해서 아주 엄격한 법률을 제정하여 시행했다. 모든 관료와 백성들은 그 법 앞에서 벌벌 떨며 꼼짝 못 했다. 그러나 등석은 자산과, 그가 제정한 법을 비판했다. 등석이 자신을 비판한다는 말을 들은 자산은 화가 머리끝까지 치밀어올랐다.

등석은 자산과, 그가 만든 법을 비판하면서 괴이한 논리를 폈다. 그래서 고위 관료들 사이에서 자산을 옹호하는 편과 등석을 옹호하는 편으로 패가 갈렸다. 그러던 어느 날 자산은 아무런 이유도 없이 등석을 잡아 처형했다. 그런데 정말 자산이 등석을 죽인 것일까? 등석은 정말 처형당할 만한 죄를 범한 것일까? 그 당시 자산은 다른 선택의 여지가 없었던 것은 아닐까? 밖에는 호시탐탐 침략할 기회를 노리는 적이 사방에 깔려 있는데 안에서 혼란과 반항이 일어난다면 얼마나 위험한 일인가?

한편 등석은 당시 국가 상황과 자산이 어떤 사람인지를 누구보다 잘 알고 있었을 텐데 왜 생명의 위험을 무릅쓰면서까지 자산을 비판했던 것일까? 등석은 하늘 아래 있는 모든 것을 비판하는 천성을 가지고 있었기 때문에, 그에게도 다른 선택의 여지가 없었던 것은 아닐까?

그렇다면 자산이 등석을 죽인 것이라고 할 수 없고, 등석 또한 죽으려고 해서 죽은 것이라고 할 수 없다. 자산과 등석은 각자 자기가 맡은 배역을 연기한 것뿐이다. 삶과 죽음은 우리가 통제할 수 있는 것이 아니다. 살게 되어 있어서 산다면 그것은 복이다. 죽게 되어 있어서 죽는 것도 하늘이 내린 복이다. 살게 되어 있는데도 죽는다면 불행하겠지만 그것도 하늘이 내린 것이다. 죽는 편이 더 나을 것 같은데도 죽지 못하고 산다면 고통스럽겠지만 그것도 하늘이 내린 것이다.

사람은 살게 되어 있으면 살고, 죽게 되어 있으면 죽는다. 우리가 보기에 도저히 살 수 없는 상황에서도 사는 사람이 있고, 도저히 죽을 상황이 아닌 데도 죽는 사람이 있다. 이런 것이 운명이다. 하늘이 내린 운명은 인간의 힘이나 지혜로는 피할 수 없다. 운명은 우리가 통제할 수 있는 것이 아니다.

하늘의 도는 온 우주에 충만하게 깃들여 있다. 하늘의 도는 스스로 모이고 스스로 흩어진다. 하늘과 땅도 그것을 거스를 수 없고, 성인의 지혜로도 그것을 파악할 수 없으며, 귀신과 도깨비도 그것을 속일 수 없다. 하늘의 도는 스스로 그러한 자연이다. 스스로 그러한 자연은 말이 없다. 말없이 스스로 생겨나고 안정되며, 말없이 스스로 보내기도 하고 맞이하기도 한다.

하늘이 내린 신의神醫

　양주楊朱의 친구 가운데 계량季梁이라는 사람이 있었다. 한 번은 계량이 병에 걸려 자리에 눕게 되었다. 병은 점점 더 심해져서 일주일이 지나자 매우 위독하게 되었다. 곁에 앉아 지켜보고 있던 계량의 아들들이 의사를 불러오겠다고 했다. 그러자 계량은 병문안을 온 양주에게 말했다.
　"내 자식들이 이렇게 못났소. 노래나 한 곡 불러서 저 아이들을 좀 깨우쳐주시구려."
　그래서 양주는 노래를 불렀다.
　"사람의 운명은 하늘도 알지 못하는데
　어찌 사람이 알 수 있으랴?
　행운이 하늘에서 오는 것도 아니고
　불행이 사람 때문에 생기는 것도 아니라네.
　나인들 어찌 알고 그대인들 어찌 알랴!
　의사인들 어찌 알고 무당인들 어찌 알랴!
　그대들은 이런 이치를 아는가?"
　그러나 계량의 자식들은 이 노래의 뜻을 깨닫지 못하고 결국 용하다는 의사를 셋이나 불러왔다. 한 사람은 교씨이고, 한 사람은 유씨이며, 한 사람은 노씨였다. 교씨가 먼저 진찰한 다음에 말했다.

"체온이 오르락내리락하고, 기가 허하고 실한 것을 도저히 종잡을 수가 없소. 병의 원인은 규칙적인 식사를 하지 않고, 정력을 지나치게 쓴 데 있소. 하늘이 내린 벌도 아니고 귀신의 장난도 아니올시다. 지금은 비록 중한 상태이나 손을 쓰면 점차 차도가 보일 것입니다."

계량은 이 말을 듣고 아들들에게 이렇게 말했다.

"형편없는 의사다. 빨리 보내버려라."

두 번째로 유씨가 진찰한 다음에 말했다.

"당신의 병은 체질 때문에 생긴 것이오. 당신은 태어날 때부터 이런 병을 앓을 수밖에 없는 체질로 태어났소. 그래서 쉽게 고칠 수 없을 것 같습니다."

계량은 이 말을 듣고 아들들에게 이렇게 말했다.

"훌륭한 의사다. 모셔다 식사라도 대접하도록 하여라."

마지막으로 노씨가 진찰한 다음에 말했다.

"당신의 병은 하늘이 내린 벌도 아니고 당신이 잘못해서 생긴 것도 아니오. 당신이 이런 병을 앓는 것은 다 운명이오. 당신이 태어날 때 이미 정해진 일이올시다. 이런 사실을 아는 사람은 많지 않습니다만 사실은 사실입니다. 그러니 약이나 침으로 치료한다고 정해진 운명이 바뀌겠소? 그냥 자연에 맡겨두는 것이 좋을 것이오."

이 말을 듣고 계량은 기뻐하며 아들들에게 말했다.

"이 의원은 하늘이 내린 신의神醫이시다. 잘 대접해서 보내드리도록 하라."

그 후 얼마 안 되어 계량의 병이 저절로 나았다.

어디로 가는지 알면서 뛰는 것이냐

양주에게 양포楊布라는 동생이 있었다. 양포가 삶에 대해 풀리지 않는 의문이 있어서 형에게 물었다.

"나이도 같고 말씨도 같고 재능도 같은 쌍둥이 형제가 있습니다. 그들은 얼굴 모양도 똑같고 걸음걸이도 같아서 누가 누구인지 구별이 안 갑니다. 그런데 그 가운데 한 명은 부자이고 다른 한 명은 가난합니다. 그리고 한 명은 건강하게 오래 살았는데 다른 한 명은 병치레만 하다 일찍 죽었습니다. 한날한시에 똑같은 부모 밑에서 똑같은 재능을 가지고 태어났는데 어째서 이런 일이 생기는 것입니까?"

양주가 대답했다.

"이 문제에 대해서는 예로부터 많은 현인들이 대답을 했느니라. 내 그것을 설명해줄 테니 잘 듣고 혼란에서 벗어나도록 하라.

비슷한 때에 비슷한 재능을 가지고 태어난 두 사람의 삶이 천양지판으로 달라지는 이유는 아무도 모른다. 그것을 운명이라고 한다. 무엇인가를 얻으려고, 무엇인가를 성취하려고 이리 뛰고 저리 뛰는 사람들을 보라. 그들은 행복해하지도 않고 만족스러워하지도 않는다. 그들처럼 어디로 가는지도 모르면서 하루 종일 뛰어다니면 자기들이 원하는 행복에 이르겠느냐? 무엇을 미친 듯이 하면 그 일을 하지 않았을 때보다 더 성공하고 행복한 일이 생기겠느냐? 결과가 어떻게 될

지는 아무도 모른다. 무엇이 일어나느냐, 일어나지 않느냐는 노력이나 재능에 달려 있는 것이 아니다."

아직도 석연치 않은 표정을 짓고 있는 아우에게 양주가 말을 이었다.

"자연의 섭리를 받아들이면, 오래 살거나 일찍 죽거나 문제가 되지 않는다. 하늘의 이치를 깨달은 사람에게는 옳고 그름에 대한 분별이 없다. 자신의 본성 안에 머물면서 자신을 신뢰하는 사람은 편안하다는 생각도 없고 위태롭다는 생각도 없다. 아무것도 믿지 않고 어떤 것에도 의지하지 않으면서, 오는 것을 그냥 그대로 받아들이는 것이다. 도대체 어디로부터 벗어나서 어디로 가겠다는 것이냐? 무엇을 슬퍼하고 무엇을 즐거워하겠다는 것이냐? 또 무엇을 하고 무엇을 하지 않겠다는 것이냐?

황제께서는 '깨달은 사람은 왜 사는지 또 무엇을 해야 하는지를 묻지 않는다'고 말씀하셨다. 가만히 있으면 죽은 것 같고 움직이면 기계처럼 움직일 뿐, 가만히 있는 까닭도 알지 못하고 가만히 있지 못하는 까닭도 알지 못한다. 그냥 흐를 뿐이다. 깨달은 사람은 밖에서 일어나는 일이나, 다른 사람의 생각과 태도에 전혀 영향을 받지 않는다. 저절로 가만히 있다가 저절로 움직이고, 저절로 움직이다가 저절로 가만히 있는데, 누가 그를 방해할 수 있겠는가?"

죽음은 슬퍼할 일이 아니다

　제나라의 경공景公이 어느 날 신하들을 이끌고 우산牛山으로 놀러 갔다. 경공은 거기서 수도인 임치성臨淄城을 바라보고 눈물을 흘리며 말했다.
　"아, 아름답구나! 금수강산이로다! 초목은 울창하고 싱싱하거늘, 나 어찌 덧없이 죽어야 하는가? 예로부터 이 세상에 태어났다가 죽지 않은 사람이 없거늘, 나 어찌 죽음을 피할 수 있으랴. 참으로 애석한 일이로다."
　그때 동행한 신하 가운데서 사공史孔과 양구거梁丘據가 위로한답시고 그를 따라 눈물을 흘리면서 말했다.
　"저희들은 폐하의 은덕을 입어 하찮은 목숨이나마 연명하고 있음에도 불구하고 죽고 싶지 않은데 폐하께서야 오죽하시겠습니까?"
　그때 곁에 있던 안자晏子가 그 광경을 보고서 못 볼 꼴이라도 보았다는 듯이 씩 웃었다. 그것을 본 경공이 눈물을 닦고 안자를 돌아보며 말했다.
　"내가 인생을 무상하게 여겨 눈물을 흘리니까 사공과 양구거는 따라 울었소. 그런데 왜 그대 혼자만 웃는 것이오?"
　이에 안자가 대답했다.
　"폐하, 폐하께서 나이가 많아 돌아가실 것을 생각하고 슬퍼하시는 것은 온당하지 않다고 봅니다. 만약 태공이나 환공 같은 어진 임금들께서 돌아가시지 않고 지금까지 살아 계셨다면, 폐하께서는 아마 지금 농부가 되어 농사일에 바빠서 죽음 같은 것을 슬퍼할 겨를도 없었을 것입니다. 또 만약 장공이나 영공처럼 용맹스러운 임금들께서 돌아가시지 않고 지금까지 살아 계셨다고 해도 사정은 마찬가지일 것입니다. 옛날 훌륭한 임금들께서 돌아가셨기 때문에 자리 물림이 되었고, 그 결과 폐하께서 지금 군주의 지위에 계신 것입니다. 그런데도 폐하만이 죽지 않고 오래 살았으면 좋겠다고 생각하시는 것은 어진 군주가 취할 태도가 아니라고 봅니다. 저는 지금 의젓하지 못한 군주와 그런 군주에게 신하들이 아첨하는 것을 보고 웃은 것입니다."

이 말을 들은 경공은 몹시 부끄러웠다. 그래서 자기가 잠깐 어리석었던 것을 뉘우치고, 먼저 벌주를 한 잔 마시고 같이 운 신하들에게는 벌주 두 잔씩을 내렸다.

제7편 양주楊朱

양주의 사상

진짜 명예, 가짜 명예

양주가 노나라를 여행하다가 맹孟씨 집에서 묵게 되었다. 맹씨가 양주에게 물었다.

"사람으로 태어났으면 그저 사람으로 살면 그뿐일 텐데 사람들은 왜 명예를 얻으려고 하는 것일까요?"

양주가 대답했다.

"부자가 되기 위해서 명예를 얻으려는 것이지요."

"그러면 부자가 된 다음에도 만족하지 못하는 사람들은 왜 그러는 것입니까?"

"귀한 사람으로 대접받기 위해서지요."

"귀한 사람으로 대접을 받으면서도 만족하지 못하는 사람들은 왜 그러는 것입니까?"

"죽은 다음을 걱정하기 때문이지요."

"죽은 다음에야 무엇을 걱정할 필요가 있겠습니까?"

"자손들을 위해서지요."

"그렇다면 사람의 욕망이 결국 자기 자손을 위하는 것으로 끝나는 것 같은데, 자기의 명예를 위한 욕망과 자손들을 위한 욕망이 무슨 관계가 있는 겁니까?"

양주가 대답했다.

"명예를 얻으려면 그만큼 고생을 해야 되고, 마음을 졸이고 애를 태워야 하지요. 그러나 명예를 얻은 사람은 가문에 그 혜택이 돌아가게 하고 고을 사람을 두루 이롭게 합니다. 하물며 그 자식들이 덕을 보는 것은 두말할 필요도 없지요."

맹씨가 되물었다.

"무릇 명예를 얻으려면 반드시 청렴결백해야 하는데, 그러면 가난해집니다. 또 명예를 얻으려면 겸손할 줄 알고 사양하는 마음이 있어야 하는데, 그러면 빈천함을 면할 수 없습니다. 그런데 명예를 얻으면 어찌 그 자손이 덕을 볼 수 있다는 말씀입니까?"

양주가 대답했다.

"관중은 제나라 재상 노릇을 하면서 임금이 음탕한 행동을 하면 자기도 그에 맞춰 음탕한 행동을 했고, 임금이 사치스러운 생활을 하면 자기도 사치스럽게 살았습니다. 임금과 한통속이 되어서 행동하므로 임금이 그를 좋아했고 정치도 순탄했습니다. 그래서 제나라는 여러 제후국 가운데서 지도적인 위치에 서게 되었습니다. 그러나 관중이 죽고 나니 그걸로 끝이었습니다. 관중의 부귀영화가 그 한 몸으로 끝나고 말았지요.

그러나 전田씨는 같은 제나라 재상 노릇을 하면서 임금이 사치스러운 생활을 하면 자기는 낮춰 검소한 생활을 했고, 임금이 백성들로부터 거둬들이면 자기는 베풀었습니다. 그래서 민심이 모두 그에게 쏠리게 되었고, 결국 제나라를 차지하게 되었습니다. 그리고 자손들이 지금까지 그 혜택을 누리고 있습니다. 전씨의 경우처럼 진짜 명예는 겉으로는 가난하게 보이고, 관중의 경우처럼 가짜 명예는 겉으로는 부유하게 보이는 법입니다.

이름[名]과 실제[實]는 항상 일치하는 것이 아닙니다. 이름은 있는데 알맹이가 없거나, 또는 알맹이는 있는데 이름이 없는 경우가 더 많습니다.

옛날에 요임금과 순임금은 허유許由와 선권善卷이라는 두 사람이 천하를 물려줘도 받지 않을 것을 뻔히 알면서도 그들에게 천하를 물려주겠다고 했습니다. 결국 요임금과 순임금은 천하를 남에게 주지 않고 백 년의 권세를 누렸습니다. 이것은 이름은 있는데 알맹이가 없는 경우입니다.

반대로 백이와 숙제의 행위는 알맹이는 있는데 이름이 없는 경우입니다. 그들은 아버지 고죽군孤竹君에게서 나라를 물려받지 않겠다고 사양했는데, 끝내 나라는 망했고 그들은 수양산에서 굶어 죽었습니다. 이름과 실제가 일치하기란 이렇게 어렵습니다."

철없는 어린 시절과 혼미한 늙은 시절

양주가 말했다.

"사람은 백 년을 살기가 어렵다. 어쩌다 백 년을 사는 사람이 있다고 하더라도 철없는 어린 시절과 정신이 혼미한 늙은 시절이 인생의 절반을 차지하게 될 것이다. 또 밤에 잠자는 시간이 반이고, 깨어 있는 동안에도 흐지부지 지나가는 시간이 반이다. 나머지 시간 가운데 몸이 아프고 슬퍼하고 괴로워하며 근심하고 두려워하는 시간이 또 거의 반을 차지할 것이다.

지나온 세월을 돌이켜보라. 마음속에 근심 걱정이 하나도 없이 만족스러웠던 때가 과연 얼마나 있었는가? 그러면 어떻게 사는 것이 좋겠는가? 맛있는 음식을 먹고, 좋은 옷을 입으며, 좋은 음악을 듣고, 아름다운 여인을 가까이하는 것이 좋을 것이다. 그러나 그런 것이 항상 만족을 줄 수는 없다. 때로는 옥에 갇혀 벌을 받기도 하고, 명예와 법 때문에 하고 싶은 일을 못 하는 경우도 있다.

부질없는 헛된 영예를 추구하고, 체면 차리느라고 하고 싶은 일도 못 하며, 남이 뭐라고 할까 신경 쓰느라고 '지금 여기'에서 누릴 수 있는 즐거움을 누리지 못한다면 형틀에 매여 있는 죄인과 다를 것이 있겠는가?

먼 옛날 사람들은 삶이란 잠시 와 있는 것이고, 죽음이란 잠시 떠나가는 것임을 알고 있었다. 억지로가 아니라 자연스러운 마음의 움직임에 따라 살았다. 다른 사람의 눈치를 보지 않고 자기가 좋아하는 것을 충분히 즐겼다. 명예를 얻기 위해 본성적인 욕구를 억제하지 않았다. 그들은 앞서려고 애쓰지도 않았고, 오래 살고자 하는 욕망도 없었다."

지나친 욕심

양주가 말했다.

"청렴결백함의 표상인 백이도 욕심이 없었던 것은 아니다. 그는 청렴함을 지키겠다는 지나친 욕심을 가지고 있었다. 그는 그 지나친 욕심 때문에 굶어 죽었다. 정절의 표상인 전계展季도 욕심이 없었던 것은 아니다. 그는 정절을 지키겠다는 지나친 욕심을 가지고 있었다. 그는 그 지나친 욕심 때문에 자식도 없이 일생 독신으로 쓸쓸하게 지냈다. 지나친 욕심이 백이와 전계 같은 착한 사람을 망쳐놓은 것이다."

삶을 즐기고 몸을 편안하게 하는 것이 제일이다

양주가 말했다.

"공자의 제자 원헌原憲은 노나라에서 가난한 생활을 했고, 같은 공자의 제자인 자공은 위衛나라에서 돈을 많이 벌어 부유한 생활을 했다. 원헌은 너무 가난해서 몸 한 번 제대로 펴보지 못하고 옹색하게 살았고, 자공은 돈을 벌려고 애쓰다가 몸을 망쳤다. 그러므로 가난한 것도 병이고 부유한 것도 병이다. 그렇다면 어떻게 하는 것이 좋은가? 삶을 즐기고 몸을 편안하게 하는 것이 제일이다. 삶을 즐기는 사람은 지조를 지킨답시고 옹색하게 살지 않고, 몸을 편안하게 하려는 사람은 돈을 벌려고 애쓰다가 몸을 망치지 않는다."

살아서는 아껴주고 죽어서는 버려라

양주가 말했다.

"옛말에 '살아서는 서로 아껴주고 죽은 다음에는 서로 버려라'라는 말이 있다. 이것은 지극히 옳은 말이다.

살아서는 서로 아껴주라는 말은, 힘든 일을 하고 있는 사람을 거들어주고, 굶주리고 헐벗은 사람에게 먹을 것과 입을 것을 주며, 어려운 처지에 빠진 사람을 도와 어려움에서 벗어나게 해주라는 뜻이다.

죽은 다음에는 서로 버리라는 말은, 누가 죽었을 때 애석하게 여기지 말라는 말이 아니라, 죽은 이의 입에 구슬이나 쌀을 넣지 말며, 죽은 이에게 값비싼 수의를 입히지 말고, 제사 음식도 차려놓지 말라는 뜻이다."

살고 죽는 방법에 관한 모든 것

제나라 고위 관리였던 안평중晏平仲이 재상인 관중에게 몸의 기운을 충만하게 채우는 법에 대해 물었다. 관중이 대답했다.

"하고 싶은 대로 하면 됩니다. 못하게 막아서도 안 되고, 막혀서도 안 됩니다."

안평중이 다시 말했다. "좀 더 자세히 일러주시지요."

이에 관중이 대답했다.

"귀가 듣고 싶어 하면 듣고, 눈이 보고 싶어 하면 보며, 코가 맡고 싶어 하면 맡고, 입이 말하고 싶어 하면 말하며, 몸이 쉬고 싶어 하면 쉬고, 무엇이든 하고 싶어 하는 뜻이 있으면 하면 됩니다.

귀는 좋은 음악을 듣고 싶어 하는데 그것을 듣지 못하게 막으면 총명한 기운이 막힙니다. 눈은 아름다운 것을 보고 싶어 하는데 그것을 보지 못하게 막으면 밝은 기운이 막힙니다. 코는 향기로운 냄새를 맡고 싶어 하는데 그것을 맡지 못하게 막으면 냄새 맡는 기운이 막힙니다. 입은 옳고 그름을 말하고 싶어 하는데 그것을 말하지 못하게 막으면 지혜가 막힙니다. 몸은 맛있는 음식을 먹고 편안하고 싶어 하는데 그것을 하지 못하게 막으면 쾌적한 기운이 막힙니다. 뜻은 마음대로 무엇을 하고 싶어 하는데 그것을 하지 못하게 막으면 본성의 기운이 막힙니다.

이들 온갖 장애는 사람을 망치는 근본입니다. 이렇게 하는 것은 자연적인 본능을 억압하는 잔학한 군주의 행위와 다를 바 없습니다. 사람을 망치는 이런 억압을 제거하면 죽을 때까지 가볍고 충만한 기운으로 즐겁게 살 수 있습니다. 하루를 살건 한 달을 살건, 일 년을 살건 십 년을 살건 살고 싶은 대로 사는 것, 이것이 바로 충만한 기운으로 활기차게 사는 길입니다. 여러 가지 장애에 구애되고, 하지 말아야 할 것이 많으면 근심과 걱정에서 벗어날 날이 없을 것입니다. 그렇게 천만 년을 산들 무슨 즐거움이 있겠습니까?"

　　잠시 쉬었다가 관중이 다시 말을 이었다.

　　"내가 충만한 기운으로 즐겁게 사는 법을 말했으니, 경께서는 죽은 이를 보내는 법에 대해 말씀해주시지요."

　　안평중이 대답했다. "죽은 이를 보내는 것은 아주 간단합니다. 그것을 일러드리고 말고 할 필요가 있겠습니까?"

　　관중이 말했다. "그래도 저는 꼭 듣고 싶습니다."

　　그러자 안평중이 말했다.

　　"이미 죽었다면 장사를 어떻게 지내든 무슨 상관이 있겠습니까? 시체를 화장해도 그만이고, 물속에 넣어 가라앉혀도 그만이며, 땅을 파고 묻어도 그만이고, 들에 버려도 그만이지 않습니까? 거적에 싸서 숲에 버리면 어떻고, 수놓은 화려한 비단옷을 입혀서 석관에 넣어 안장하면 어떻습니까? 그저 되는 대로 하면 되겠지요."

　　이 이야기를 듣고 관중은 옆에 있던 포숙아와 황자에게 말했다.

　　"어허, 저 사람과 내가 살고 죽는 방법에 대해 다 말해버린 것 같구려."

본성과 명예

　자산은 정나라 재상이 되어 삼 년 동안 국정을 총괄했다. 착한 사람들은 그의 지시에 순종했고, 나쁜 일을 한 사람들은 그의 엄한 다스림에 몸을 떨었다. 제후들도 모두 그를 어려워했다.
　자산에게는 공손조公孫朝라는 형과 공손목公孫穆이라는 동생이 있었다. 형 공손조는 술을 좋아했고 동생 공손목은 여자를 좋아했다.
　형 공손조의 집 뒤뜰에는 술독이 가득했고 창고에는 누룩이 가득 쌓여 있었다. 그의 집 대문이 보이는 지점까지만 가도 술 냄새가 코를 찔렀다. 그는 늘 거나하게 술에 취해 있었다. 그래서 세상이 어떻게 돌아가는지, 집안 살림이 어떻게 돌아가는지, 일가친척들 집에 무슨 경사가 났는지 애사가 났는지, 슬픈 일이 있는지 기쁜 일이 있는지에 전혀 관심이 없었다.
　동생 공손목의 집에는 뒤뜰에 방이 수십 개나 있었는데, 방마다 여자들이 들끓었다. 그가 여자들에게 빠져 있을 때에는 친구들도 다 내쫓고 뒤뜰에 있는 방으로 가서 낮이나 밤이나 두문불출했다. 그러면서도 그는 만족하지 못하고 어느 마을에 예쁜 처녀가 있다는 소리만 들으면 수단과 방법을 가리지 않고 그 처녀를 차지하려고 했다.
　이런 형과 아우 때문에 걱정하고 있던 자산이 어느 날 자문을 구하기 위해 은밀하게 등석을 찾아가서 말했다.

"내가 듣기로는 자기 몸을 다스린 수양의 힘으로 가정을 다스리고, 가정을 다스린 수양의 힘으로 나라에 영향을 미칠 수 있다고 합니다. 이것은 가까운 곳에서 시작해서 먼 곳까지 영향을 미치게 할 수 있다는 뜻이오. 나는 나라를 맡아서 그럭저럭 다스렸으나 집안이 어지럽소. 이건 순서가 뒤바뀐 듯하오. 내 형님과 아우를 구제할 방법이 없겠소?"

등석이 대답했다.

"저도 오래 전부터 그들을 속으로 나무라고 있었습니다. 감히 먼저 입을 열어 말씀드리지 못했을 뿐이지요. 재상께서는 그들의 정신이 말짱할 때 생명의 소중함을 일깨워주고, 예의의 존귀함을 깨닫게 해주시는 것이 좋을 듯합니다."

자산은 등석의 말을 듣고 형과 아우가 정신이 말짱할 때 재빨리 찾아가서 그들에게 말했다.

"사람이 짐승보다 귀한 까닭은 이성을 가지고 있기 때문입니다. 이성을 이끌어 나가는 것은 예의입니다. 예의가 있으면 명분과 체면을 지킬 수 있습니다. 그러나 본능이 시키는 대로 행동한다면 고귀한 본성도 망가지고 생명도 위태로워집니다. 형님과 아우께서 제 말을 받아들이고 아침에 뉘우치신다면, 저녁에 나라의 부름을 받아 관직에 오르실 수 있을 것입니다."

그러자 두 사람이 퉁명스럽게 대답했다.

"그런 것은 우리도 잘 알고 있소. 어찌 그대의 말을 듣고서 그 사실을 알게 되었겠소? 사람으로 태어나는 것은 참으로 어려운 일이오. 그래서 사람으로 태어났다는 것은 큰 행운이지요. 그러나 죽기는 참으로 쉽소. 그러니 태어나기 어려운 삶을 얻었으면서 그 삶을 죽음을 위해 쓰는 사람이 누가 있겠소?

그대는 예의를 지키면서 다른 사람에게 잘 보이려고 애쓰고, 자신의 자연스러운 본성을 억누름으로써 명예를 얻으려고 하지만, 우리는 그렇게 사는 것은 죽느니만 못하다고 생각하오. 우리는 지금 누릴 수 있는 즐거움을 한껏 누리고 싶소. 나중을 기약하고 지금 누릴 수 있는 즐거움을 억제할 생각이 없다는 말이오. 배가 불러서 더 먹지 못할 것이 걱정이고, 힘이 달려 뜻대로 여자들과 즐기지 못할 것이 걱정일 뿐이오. 이름에 먹칠을 하거나 생명이 위태로워지거나 하는 것들에는 전혀 관심 없소.

그대는 나라를 다스리는 능력이 있다고 뽐내면서 그럴듯한 말로 우리를 훈계하며, 또 그렇게 하면 관직에 등용될 것이라고 유혹하는데, 이것이야말로 가련하고 비루한 행동일 뿐이오. 그대의 행위가 왜 가련하고 비루한 행위인지 일러주리다.

모름지기 밖에 관심이 있는 사람은 밖에 있는 것들을 자기 마음대로 할 수 없게 되면 대신 자기 몸을 괴롭힌다오. 그러나 내면에 관심이 있는 사람은 밖에 있는 것을 어지럽히지도 않고, 밖에 있는 것들이 아무리 어지러워도 그 영향을 받지 않고 내면의 본성 가운데 평안하게 머문다오. 밖에 관심이 있는 그대는 한 나라를 잠시 다스릴 수는 있겠지만, 백성들이 그대의 다스림을 언제까지나 좋아하지는 않을 것이오. 그러나 내면에 관심이 있는 우리의 방법을 천하에 적용시키면 허례허식과 인위적인 억압이 사라져 자연스러운 세상이 될 것이오. 우리가 이런 자연의 도리를 그대에게 깨우쳐주려고 했는데 오히려 그대가 인간을 억압하는 도리로 우리를 가르치려 하다니, 잘못되어도 한참 잘못된 것 같소."

자산은 뭐라고 대꾸할 말이 없어서 그대로 물러났다. 다음날 등석을 만난 자리에서 자초지종을 이야기했더니 등석이 말했다.

"저런, 재상께서는 도인들과 함께 살면서도 그들이 도인이라는 것을 알아차리지 못했구려. 그러니 누가 재상을 현자라고 하겠소? 지금 보니 정나라가 잘 다스려진 것은 우연히 그렇게 된 것이지, 재상의 공이 아닌 것 같소."

도통한 사람이 노닐던 경지

위衛나라에 단목숙端木叔이라는 사람이 살고 있었다. 그는 공자의 제자인 자공의 후손인데, 조상에게서 물려받은 재산 덕분에 먹고사는 문제에는 신경을 쓰지 않고 자기가 좋아하는 일만 하면서 마음 내키는 대로 즐겁게 살았다. 사람들이 하고 싶어 하거나 즐기고 싶어 하는 것은 무엇이든 다 했다. 한마디로 해보지 않은 것이 없었다.

으리으리한 집과 우뚝 솟은 정자, 넓은 정원과 연못, 기름진 음식과 화려한 의복, 편안한 수레와 아름다운 음악과 시중드는 예쁜 시녀 등 그의 삶은 당시 부자 나라로 소문난 제나라 초나라의 임금 못지않았다. 자기가 갖고 싶은 것이나 먹고 싶은 음식이 다른 나라에 있고, 값이 아무리 비싸더라도 어떻게 해서든 사들여 먹고 즐겼다. 놀러 가고 싶은 데가 있으면 산과 물이 아무리 험하고 길이 멀더라도 기어이 갔다 와야 직성이 풀렸다. 그래서 유명한 곳치고 그가 가보지 않은 곳이 거의 없었다.

그의 집은 놀러온 사람들로 늘 북적거렸다. 매일 백 명 정도씩은 있었다. 부엌에서는 고기를 끓이느라 아궁이 불이 꺼지는 날이 없었고, 대청마루에서는 노래와 음악이 끊어지는 날이 없었다. 이렇게 마음대로 먹고, 입고, 쓰고, 놀아도 재산이 남아돌았다. 그는 남아도는 재산을 일가친척들에게 나누어주고, 그래도 남은 것은 동네 사람들에게 나누어주었다. 그러고도 남은 것은 온 나라 사람들에게 나누어 주었다.

그러는 사이 그는 어느덧 육십 줄에 접어들어 기력이 쇠해지기 시작했다. 그러자 단목숙은 집안일을 팽개치고, 창고에 간직해두었던 진귀한 보배와, 자기가 타고 다니던 수레와 의복을 시녀와 하인들에게 모두 나누어주고 가고 싶은 곳으로 가라고 자유롭게 풀어주었다.

일 년도 안 되어서 그가 가지고 있는 것은 몸뚱이 하나밖에 남지 않았다. 자손을 위해 남겨놓은 재산은 하나도 없었다. 늙어서 병이 들었을 때에는 약 한 첩 쓸 돈이 없었고, 죽었을 때에는 장례를 지낼 비용조차 없었다. 사정이 이렇게 딱하게 되자 전에 그에게 신세를 진 적이 있는 위나라 사람들이 이 소문을 듣고 푼푼이 돈을 모아 장례를 지내주었고, 그의 자손들에게도 얼마쯤 먹고살 것을 마련해주었다.

이 소문을 듣고 묵자의 제자인 금활리禽滑釐가 말했다.

"단목숙은 미친놈이야! 공자의 제자인 자기 조상의 이름에 먹칠을 했어."

반면에 단간목段干木이라는 사람은 이렇게 말했다.

"단목숙은 도통한 사람이다. 그는 공자의 제자인 자기 조상보다 훨씬 뛰어난 인물이야. 그는 자기가 하고 싶은 대로 먹고 마시고 즐겼는데, 이는 모든 사람이 마음속으로 바라는 것들이지. 교육받은 대로 예禮에 따라 사는 위나라 선비들은, 단목숙이 노닐던 경지를 이해할 수 없을 것이야."

세상살이

맹손양孟孫陽이 스승인 양주에게 여쭈었다.

"선생님, 영생불사를 구하는 사람들에 대해 어떻게 생각하십니까?"

양주가 대답했다.

"사람은 언젠가 한 번은 죽게 되어 있다. 아무리 영생불사하기를 원해도 그렇게 되는 일은 없을 것이다. 그러니 영생불사를 구하는 것은 쓸데없는 짓이지."

"그렇다면 오래 살기를 바라는 것은 어떻습니까?"

"삶과 죽음은 각자 자기의 길이 있다. 우리가 바라고 구한다고 해서 어떻게 할 수 있는 것이 아니다. 삶을 귀하게 여긴다고 해서 영원히 보존할 수 있는 것도 아니고, 몸을 아낀다고 해서 튼튼해지는 것도 아니다. 세상살이란 기쁨과 슬픔, 얻음과 잃음, 전쟁과 평화, 평온한 세상과 어지러운 세상이 교차하는 것일 뿐이다. 예로부터 지금까지 이런 일이 반복되었다. 그러니 무엇을 더 보자고 오래 살려고 하느냐?"

맹손양이 다시 여쭈었다.

"그렇다면 빨리 죽는 것이 훨씬 더 좋을 것 같습니다."

양주가 대답했다.

"빨리 죽으려는 것도 잘못된 생각이야. 살아 있을 때는 삶을 받아들이면서 되어가는 대로 흘러가면 되고, 죽을 때가 되면 죽음을 받아들이고 미련 없이 평안한 마음으로 죽으면 되는 일. 삶과 죽음은 저절로 오는 것이야. 저절로 오는 것을 그냥 그대로 받아들이면 되는 것이지. 오래 살려고 애쓰거나 빨리 죽으려고 할 필요가 없지 않은가."

세상이 덜 복잡해지려면

양주가 말했다.

"현인이었던 백성자고伯成子高는 세상을 이롭게 하는 데 전혀 관심이 없었다. 그는 세상을 위해 머리털 한 올도 바치지 않고, 은자로 숨어 살면서 자신의 평안과 만족만을 누렸다. 반면에 우임금은 세상을 위해 몸을 아끼지 않았다. 그래서 모든 백성의 존경을 받았지만, 자신은 반신불수가 되어 나머지 생을 괴롭게 살았다. 고대의 현자들은 이렇게 말했다. '모든 사람이 세상을 구하기 위해 털끝 하나 희생하지 않는다고 해도 세상은 잘 돌아갈 것이다. 아니 오히려 그렇게 한다면 세상이 지금보다 훨씬 덜 복잡해질 것이다.'"

묵자의 제자인 금활리가 이렇게 말하는 양주에게 물었다.

"만약 선생의 머리카락 하나를 뽑아 천하를 구할 수 있다면 어떻게 하시겠소?"

양주가 대답했다.

"내 머리카락 하나로는 천하를 구할 수 없을 것이오."

"가령 그렇게 할 수 있다면 어떻게 하시겠냐는 말씀입니다."

금활리가 재차 다그쳤으나 양주는 아무 대답도 하지 않았다.

얼마 후 금활리는 양주의 제자 맹손양을 만난 자리에서 양주와의 대화 내용을 이야기했다. 그러자 맹손양이 말했다.

"선생께서 우리 선생님의 뜻을 파악하지 못하신 것입니다. 제가 한번 선생께 묻겠습니다. 만약 선생의 피부를 조금 손상함으로써 천만 금을 얻을 수 있다면 그렇게 하시겠습니까?"

금활리가 대답했다.

"하고말고요."

맹손양이 다시 물었다.

"만약 선생의 팔다리 가운데 하나를 자름으로써 한 나라를 얻을 수 있다면 그렇게 하시겠습니까?"

금활리는 갑자기 망치로 머리를 얻어맞은 듯 대답하지 못했다.

맹손양이 말을 이었다.

"물론 머리카락 한 올은 살 한 점보다 가치가 덜하고, 살 한 점은 팔다리보다 가치가 덜하겠지요. 하지만 털이 모여 피부를 이루고 피부가 모여 팔다리가 된 것입니다. 그러므로 털 하나라고 해서 살 한 점보다 가치 없는 것이 아니고, 살 한 점이라고 해서 팔다리보다 가치 없는 것이 아닙니다. 모든 것이 다 귀하고 중요한 것입니다. 그런데 선생께서는 어찌 털이나 피부를 가볍게 여기시는지요?"

금활리가 말했다.

"나로서는 이 문제에 대해서 더 할 말이 없소. 노자老子나 그의 제자 관윤에게 물어본다면 당신의 말이 옳다고 할 것이오. 하지만 우임금이나 묵자에게 물어본다면 내 말이 옳다고 할 것이오."

맹손양은 금활리의 이 말을 못 들은 체하고 자기 친구들과 다른 이야기를 주고받았다.

죽고난 다음에 칭송받은들

양주가 말했다.

"세상 사람들은 모두 순임금과 우임금과 주공周公과 공자를 훌륭한 성인이라고 찬양한다. 하夏나라의 걸桀임금과 은나라의 주임금에 대해서는 모두 못된 사람이라고 욕한다.

그러나 순임금은, 하양河陽에 살 때는 힘들여 밭을 갈았고 뇌택雷澤에 살 때는 질그릇을 구웠다. 몸은 잠시도 편할 날이 없었고, 맛있는 음식을 배불리 먹어본 일도 없었다. 형제자매와도 화목하지 못했다. 나이 서른이 되어서야 겨우 결혼을 했는데 그나마 부모의 허락도 받지 못했다. 요임금에게서 임금 자리를 물려받을 때는 나이가 중년을 지났고, 이미 기력이 쇠퇴하기 시작한 후였다. 게다가 그의 아들 상균은 얼마나 못났던지 자신이 물려받을 임금 자리를 우임금에게 넘겨주고 근심 속에서 삶을 마감했다. 순임금은 그야말로 곤궁함과 괴로움의 극치를 겪은 사람이다.

우임금은 어떠한가? 그의 아버지 곤鯀은 치수와 토목 사업을 맡아서 했지만 일을 완수하지 못해서 처형을 당했다. 우임금은 아버지가 맡았던 치수와 토목 사업을 대신 맡아서, 자기 아버지를 죽인 원수를 위해 일했다. 그 일이 얼마나 바빴던지 아들이 태어났는데도 이름을 지어주지 못했고, 자기 집 앞을 지나면서도 집에 들어가 잠시 쉴 여유가 없었다. 손과 발에는 못이 박히고 피골이 상접했다. 순임금에게 왕위를 물려받아 임금이 된 다음에도 왕실을 화려하게 꾸미지 못했다. 그나마 의복은 화려하게 갖춰 입었으나, 죽는 순간까지 근심 걱정이 떠날 날이 없었다. 우임금은 그야말로 근심 걱정의 극치를 겪은 사람이다.

주공은 또 어떠한가? 무武임금이 세상을 떠나자 성成임금이 대를 이었다. 그러나 성임금이 아직 어렸기 때문에 주공이 나라 일을 주관했다. 그런데 이를 못마땅하게 여긴 사람들이 많았고, 급기야는 그의 형제들이 반란을 일으켰다. 주공은 반란을 일으킨 형제들을 모두 처치하고 나서야 겨우 안정을 찾을 수 있었다. 주공은 하루도 발을 뻗고 자보지 못한, 그야말로 위험과 두려움의 극치를 겪은 사람이다.

공자는 정치적인 식견이 뛰어났기 때문에 여기저기서 제후들의 초청을 받았다. 하지만 송나라에서는 나무를 베어 그의 머리 위로 쓰러트려 그를 해하려 했고, 위나라에서는 거기서 도망가기 위해서 자신의 발자국조차 지워야 했다. 송나라와 주나라에서도 궁지에 몰린 일이 있었고, 진나라와 채나라에서는 적대자들에게 포위되기도 했다. 계씨 가문 사람들에게 치욕스러운 일을 당했고, 양호陽虎에게는 모욕을 당했다. 이렇게 비참하게 살다가 죽은 공자는 그야말로 급박과 핍박의 극치를 겪은 사람이다.

이들 네 사람의 성인은, 살아서는 하루도 편안한 날이 없었지만 죽은 다음에는 사람들의 칭송을 받고 있다. 그러나 죽고 난 다음에 아무리 칭송을 받은들, 당사자에게 무슨 소용이 있겠는가? 반대로 욕을 얻어먹은 걸임금과 주임금은, 하고 싶은 대로 다 하고 살았다. 즐기고 싶은 것은 마음껏 즐겼고, 누리고 싶은 것은 마음껏 누렸다. 그들은 평생을 술과 고기와 여자 속에서 뒹굴었다. 걸임금은 세상에서 가장 안일하고 방탕했던 사람이며, 주임금은 방종의 극치를 달린 사람이다.

이들 두 악한 군주는 살아서는 마음껏 즐기고 누렸지만 죽은 다음에 사람들의 욕을 얻어먹고 있다. 그러나 죽고 난 다음에 아무리 욕을 얻어먹은들, 당사자에게 무슨 욕될 것이 있겠는가?"

천하를 쉽게 다스리는 법

양주가 양(梁)나라 임금에게 말했다.

"공깃돌을 가지고 놀듯이 쉽게 천하를 다스리는 법이 있습니다."

임금이 물었다.

"선생은 처자식도 제대로 돌보지 못하고, 밭에 있는 풀 한 포기도 뽑지 못하는 사람이라고 알고 있는데, 어떻게 공깃돌을 가지고 놀듯이 쉽게 천하를 다스리는 법을 가르쳐주시겠다는 것이오?"

양주는 조금도 기세가 꺾이지 않고 대답했다.

"임금께서는 목동이 양 떼를 모는 것을 보신 적이 있을 것입니다. 목동은 양 떼 뒤에서 대나무 지팡이를 툭툭 치면서 양 떼를 몹니다. 그러면 양 떼는 목동이 원하는 쪽으로 일사불란하게 움직이지요. 그런데 만약 양을 한 마리씩 원하는 방향으로 몰아가려고 한다면 양 떼는 오히려 이리저리 흩어지고 말 것입니다. 나라를 다스리는 것도 마찬가지입니다. 대국적인 구상으로 백성 전체를 움직이게 해야 합니다. 소소한 일에 신경을 쓰고 거기에 정력을 쏟아붓는다면, 백성 전체를 원하는 방향으로 이끌지 못합니다.

신은 또 이런 이야기를 들었습니다. 배를 삼킬 만큼 큰 물고기는 작은 시내에서 놀지 않고, 높이 나는 큰 새는 작은 물웅덩이에 앉지 않는다고 합니다. 큰 물고기에게는 넓은 물이 필요하고 큰 새에게는 넓은 공간이 필요하기 때문입니다. 비슷한 이치로 대규모 악단은 시골 동네잔치에는 어울리지 않으며, 작은 칼로는 큰 짐승을 잡을 수 없습니다. 그러므로 장차 큰 나라를 다스릴 사람은 사소한 일에 신경을 쓰지 않아야 하며, 큰 업적을 이루고자 하는 사람은 작은 것을 이루기 위해 시간과 정력을 낭비하지 않아야 합니다."

잊혀질 일들

양주가 말했다.

"태고의 일들은 사람들의 기억에서 사라졌다. 만 년 전에 있었던 일은 신화가 되었다. 오천 년 전에 있었던 일은 있기는 있었던 것 같은데 사실이 아니라 꿈처럼 느껴진다. 천 년 전에 있었던 일은 더러 기억에 남아 있는 것이 있지만, 제대로 기억하는 부분이 거의 없다. 백 년 전에 있었던 일을 기억한다는 것도 대단한 일이다. 대부분은 잊혀졌다. 우리가 눈으로 직접 본 것도 오십 년이 지난 다음에는 기억하기 어렵다.

태고부터 지금까지 수많은 일들이 있었지만 거의 다 잊혀졌다. 그동안 수많은 임금과 군주가 이 세상에 왔다가 갔다. 현자, 학식이 많은 사람, 바보, 친절한 사람, 잔인한 사람, 착한 사람, 악한 사람… 이 모든 사람들이 왔다가 갔다. 하지만 모든 사람이 잠시 나타났다가 사라졌다. 우리는 그들이 누구인지 모르며, 그들이 무엇을 했는지도 모른다. 그들이 어떤 위치에서 어떤 삶을 살았는지 아무도 기억하는 사람이 없다. 기억이 오래가고 빨리 사라지고의 차이만 있을 뿐이다.

이렇게 허망한 것이 인생인데 돈과 명예와 권력을 좇으며 괴롭게 살 이유가 무엇인가? 지나가면 잊힐 일시적인 것을 위해 지금 누릴 수 있는 마음의 평화와 행복을 희생할 이유가 어디에 있는가? 후손에게 재산을 많이 물려주는 것이 자신에게 무슨 이득이 되는가? 죽은 뒤에 길이길이 이름이 남는다고 자기에게 좋을 것이 있겠는가? 그런 것이, 죽어서 말라버린 뼈를 윤택하게 할 수 있는가?"

※ 원문은 옛날 일에 대한 예로 삼황, 오제, 삼왕을 거론한다. 여기서는 그 뜻이 현대인에게 쉽게 와닿을 수 있도록 '태고의 일,' '만 년 전에 있었던 일,' '천 년 전에 있었던 일'로 옮겼다. 역자 주

서로 다른 처지

옛날 송나라에 어떤 농사꾼이 있었다. 얼마나 가난했던지 바람만 겨우 막을 수 있는 오두막에서, 겨울에도 헤진 무명옷과 속이 비치는 삼베옷을 입고 떨며 살았다. 그는 이 세상에 넓은 집과 따뜻한 방과 솜옷이나 털옷 같은 것이 있다는 사실을 몰랐다. 봄이 되어 그가 밭에 나가 일을 하는데 따뜻한 햇볕이 등에 내리쬐었다. 농사꾼은 그 기분을 뭐라고 표현할 수가 없었다. 그가 아내를 돌아보며 말했다.

"세상 사람들은 따뜻한 햇볕이 등에 내리쬐는 맛을 모르고 있는 것 같구려. 내가 이 비밀을 임금님께 알려드려야겠소. 그러면 큰 상을 내리실 것이 분명하오."

이 말을 들은 이웃 사람이 농부에게 말했다.

"이 사람아, 자네는 옛날이야기에 나오는 어리석은 사람하고 똑같군. 옛날에 산이나 들에서 열매나 풀뿌리 같은 것만 먹고사는 사람이 있었네. 그는 자기가 먹는 것이 세상에서 제일 맛있는 음식인 줄 알고 그것들을 정성껏 장만해서 맛있는 음식이라고 하며 마을의 큰 부자에게 진상했네. 그런데 부자가 그것을 먹어보니 쓰고 아리고 맛이 없었지. 게다가 배탈까지 나서 심하게 고생을 했네. 부자는 엉터리 같은 놈이 자기를 놀린 것이라고 생각하고 그를 두들겨 패서 내쫓았다고 하네. 그런데 자네가 꼭 그 꼴이야."

제8편 설부設符

인과관계에 대하여

우리 행위는 반응에 지나지 않는다

열자가 스승 호구자림 밑에서 배우고 있을 때 호구자림이 말했다.

"어떻게 행동해야 할지를 배우려면, 먼저 그대의 행위가 반응에 지나지 않는다는 것을 알아야 한다."

"무슨 말씀이신지 좀 더 자세히 설명해주세요."

호구자림이 말했다.

"그대의 그림자를 살펴보면 알 것이다."

열자가 고개를 돌려 자기 그림자를 쳐다보았더니, 자기가 몸을 구부리면 그림자도 굽고 몸을 펴면 그림자도 곧게 펴졌다. 그림자는 스스로 형체를 변화시키는 것이 아니라 자기가 몸을 움직이는 것에 따라 반응할 뿐이라는 사실을 발견했다. 이에 열자가 깨달았다. 우리는 행위의 주체가 아니라, 그림자처럼 만물의 움직임에 반응하는 것일 뿐이라는 사실을. 우리는 행위자가 아니다. 우리의 모든 행위는 상황에 따른 반응일 뿐이다. 스승의 말에 따라 그림자를 살펴본 열자는 굽히고 펴는 것을 자기 뜻대로 하려고 하지 않고 외부의 상황 변화에 따라 저절로 굽고 펴지게 놓아두는 것, 이것이 가장 올바른 행동이라는 사실을 깨달았다.

도를 따르려는 이유

힘의 논리를 펴는 학파에 속한 엄회嚴恢라는 사람이 열자에게 물었다.

"사람들이 도를 따르려고 하는 이유가 무엇입니까? 도를 따르면 힘을 얻게 되나요? 그런데 재수가 좋아서 진주라도 생긴다면 부자가 되고, 부자가 되면 힘이 생기는데 그래도 구태여 도를 따라야 할까요?"

열자가 말했다.

"폭군과 독재자 가운데 망하지 않은 사람이 없소. 그것은 그들이 부와 권세를 너무 중요하게 여겼기 때문이지요. 힘으로 남의 것을 빼앗아 먹고, 서로 싸워서 승자가 패자를 억압하며 지배한다면 그것은 짐승과 다름없는 짓이 아니겠소? 그렇게 짐승처럼 행동하면서 사람들의 존경을 받기를 바란다는 것은 말이 안 되는 소리요. 만약 사람들의 존경을 받지 못한다면 언젠가는 위험하게 되어 치욕을 당하게 될 것이오."

무엇을, 왜, 어떻게 하려는지 아는가?

열자는 활쏘기 연습을 열심히 했다. 그러던 어느 날 과녁 한가운데를 명중시킬 수 있게 되었다. 열자는 관윤에게 자랑삼아 자기의 활 솜씨를 평가해 달라고 부탁했다. 그러자 관윤이 말했다.

"그대가 어떻게 과녁 한가운데를 명중시킬 수 있었는지 그 이유를 아시오?"

"모르겠습니다."

"그렇다면 아직 멀었소. 가서 더 연습하시오."

삼 년이 지난 다음 열자가 다시 관윤을 찾아갔다. 관윤이 물었다.

"이제는 그대가 어떻게 명중시킬 수 있었는지 그 이유를 아시오?"

"예, 알고 있습니다."

관윤이 빙그레 웃으며 말했다.

"그럼 되었소. 그대가 깨달은 것을 잘 지켜 잊지 않도록 하시오. 그리고 모든 일에 그 깨달음을 적용하도록 하시오. 무슨 일을 할 때 자기가 무엇을, 왜, 어떻게 하려고 하는지 이해하지 못한다면 성공적으로 일을 수행할 수 없을 것이오. 나라를 위해 일할 때나, 자기 자신을 위해 일할 때, 겉으로 드러난 결과나 현상보다 이처럼 이유를 이해하는 것이 무엇보다도 중요하오."

자연의 변화에 따르다

송나라에 어떤 사람이 자기가 섬기는 군주에게 바치려고 옥玉을 깎아 나뭇잎 형상을 만들었다. 얼마나 공을 들였는지 그 일을 하는 데 자그마치 삼 년이 걸렸다. 옥을 깎아 만든 나뭇잎을 받은 군주는 감동했다. 그것이 실제 나뭇잎과 얼마나 똑같은지 나뭇잎 사이에 섞어놓으면 아무도 그것을 분별해낼 수 없을 정도였다. 이 사람은 그 뛰어난 기술로 송나라의 관리가 되었다.

열자가 이 이야기를 듣고 말했다.

"살아 있는 나무가 삼 년이 걸려서야 나뭇잎 하나를 만들 수 있다면, 이 세상에 잎이 달린 나무가 드물 것이다. 그래서 깨달음을 얻은 성인들은 인간의 재주와 기교에 의지하지 않고, 도에 따라 변하는 자연의 변화에 따르려고 하는 것이다."

그는 나를 모르는데

열자가 정나라에 살 때 살림이 몹시 빈궁했다. 하루하루 끼니를 잇기가 어려울 정도였다. 하루는 그의 친구가 찾아와서 그가 사는 꼴을 보고는 그 나라 재상인 자양子陽을 찾아가서 말했다.

"열자는 도의 이치를 깨달은 선비입니다. 그런데 그는 지금 이 나라에서 알아주는 사람도 없이, 끼니를 잇기가 어려울 정도로 궁색하게 살고 있습니다. 열자처럼 도의 이치를 깨달은 선비가 이 나라에서 굶주리며 살고 있다는 것은, 이 나라가 깨달음을 얻은 선비들을 우대하지 않는다는 증거가 되는 일이 아니겠습니까? 그러니 나라에서 도의 이치를 깨달은 선비를 홀대하지 않는다는 표시로 그에게 양식을 좀 보내주면 어떻겠습니까?"

자양은 즉시 관리에게 명하여 열자에게 곡식을 보내라고 했다. 관리가 곡식을 가지고 도착하자 열자는 허리를 굽혀 공손하게 두 번 인사한 다음에 재상이 보낸 선물을 정중하게 사양했다. 관리가 돌아간 후 열자가 집 안으로 들어오자 그의 아내는 화가 잔뜩난 얼굴로 불평했다.

"다른 선비들의 아내와 자식들은 편안하게 잘 먹고산다고 합니다. 그런데 당신은 식구들이 굶어 죽을 마당에 재상이 양식을 보내주었는데도 그것을 사양하고 받지 않으시니, 도대체 우리 식구를 다 굶겨 죽일 작정이시오!"

열자가 빙긋이 웃으며 아내를 타일렀다.

"재상은 내가 누구인지를 직접 알고 곡식을 보낸 것이 아니오. 다른 사람이 나를 칭찬하는 말을 듣고 보낸 것이오. 그렇다면 그는 다른 사람의 말만 듣고 나에게 벌을 내릴 수도 있는 사람이오. 그래서 받지 않은 것이오. 그래야 우리가 배부르게 먹을 수는 없어도 안전하게 살 수 있지 않겠소?"

과연 얼마 안 가서 반란이 일어났고, 대중의 여론에 휩쓸려 갈피를 잡지 못하던 자양은 끝내 자기가 섬기던 군주의 손에 살해되고 말았다.

※이 이야기에 따르면 열자가 정나라 재상이었던 자양과 같은 시대 인물임을 알 수 있다. 사마천의 『사기』에 따르면 자양은 정나라 수공沽公 재위 25년(기원전 398년)에 살해되었다. 그렇다면 자양이 열자에게 곡식을 보낸 것이 기원전 400년 무렵이었을 테고, 이때 열자는 이미 상당히 이름이 알려진 선비였을 것이다. 역자 주

재능을 펼치는 때와 장소

　노나라 시施씨 집안에 재능이 뛰어난 두 아들이 있었다. 그 가운데 한 명은 학식에 뛰어났고, 다른 한 명은 병법에 뛰어났다. 학식에 뛰어난 아들은 제나라에 가서 자기 학식을 펼쳐 보였다. 제나라 임금은 그의 뛰어난 학식에 매우 깊은 인상을 받고, 그를 왕자들의 선생으로 삼았다. 한편 병법에 뛰어난 아들은 초나라에 가서 자신의 병법을 펼쳐 보였다. 초나라 임금은 그의 뛰어난 병법에 매우 깊은 인상을 받고, 그를 장군으로 삼았다. 이 두 아들은 제나라와 초나라에서 많은 땅과 재물을 받아서 그의 가문을 부유하게 하였다.
　한편 시씨의 이웃에 맹씨 집안이 있었는데, 그 집안에도 재능이 뛰어난 두 아들이 있었다. 시씨 집안처럼 그들도 한 명은 학식에 뛰어났고, 다른 한 명은 병법에 뛰어났다. 그런데도 출세하지 못하고 집안이 늘 가난했다. 하루는 맹씨가 시씨를 찾아가서 어떻게 아들들이 출세하게 되었는지 그 방법을 가르쳐 달라고 부탁했다. 시씨는 사실대로 일러주었다.
　집에 돌아온 맹씨는 학식이 뛰어난 아들은 진秦나라로 보내고, 병법이 뛰어난 아들은 위衛나라로 보냈다. 진나라로 간 아들은 진나라 임금 앞에서 자신의 학식을 펼쳐 보인 다음 자신을 등용해 달라고 요청했다. 그러자 진나라 임금이 버럭 화를 내며 말했다.

"우리나라는 산악 지대가 많아서 식량이 풍부하지 못하다. 게다가 지금은 천하의 제후들이 서로 힘을 겨루고 있으니, 군대를 강하게 하는 것과, 비상시를 대비하여 식량을 확보하는 것에만 힘써야 할 것이다. 이런 판국에 네 말대로 인의仁義나 찾고 있다가 주변 강대국이 침략해오면 앉은 채로 멸망하고 말 것이다."

진나라 임금은 이렇게 그를 정신없는 놈이라고 면박을 준 다음 추방했다.

위나라로 간 아들은 위나라 임금 앞에서 자신의 병법을 펼쳐 보인 다음 자신을 등용해주면 나라를 강하게 할 수 있다고 말했다. 그러자 위나라 임금이 말했다.

"우리나라는 작고 약하다. 주변에는 크고 강한 나라들뿐이다. 우리가 살 수 있는 방법은 강한 이웃 나라에 협력하는 길뿐이다. 만약 네 말대로 군사력을 강화하여 그들에게 대항하려 했다가는 하루아침에 망하고 말 것이다. 그대의 병법이 뛰어난 것은 나도 인정한다. 그래서 그대를 그냥 돌려보낸다면 다른 나라에 가서 그 병법을 써먹으려고 할 것이고, 그러면 결국 우리나라에도 피해가 오겠지?"

위나라 임금은 그의 다리를 자른 다음 노나라로 돌려보냈다.

두 아들이 이런 꼴로 돌아오자 맹씨 집안 전체가 초상집 분위기가 되었다. 맹씨는 분을 삭이지 못하고 시씨에게 달려가 따졌다. 그러자 시씨가 말했다.

"영웅과 거지는 때가 만드는 것이오. 내 아들들과 그대의 아들들이 재능은 같지만 그 재능을 펼치는 때와 장소가 달랐소. 그대의 아들들은 재능이 모자랐기 때문에 이런 일을 당한 것이 아니오. 천하의 일이란 항상 옳은 것도 없고 항상 그른 것도 없소. 전날에는 유용하게 쓰이던 것이 오늘은 버려지기도 하고, 전날에 버려진 것이 오늘 다시 쓰이기도 하는 법이오. 때를 만나고 못 만나고 하는 것을 운명이라고 할 수도 있고 숙명이라고 할 수도 있을 것이오.

  나는 우리 아들들이 어떻게 했는지만 알려주었소. 언제 어디서 어떻게 재능을 펴야 하는지는 스스로 분별하여 결정해야 하오. 잘못이 있다면 당신에게 있소. 우리 아들들이 한 행동을 어느 때나, 어디서나 다 통용되는 공식인 것처럼 생각한 것이 잘못이란 말이오. 세상에 어느 때나, 어디서나 통용되는 법칙은 없소. 올바른 때와 장소를 분별할 수 있는 지혜가 없다면, 당신 아들들이 아무리 공자처럼 모르는 것이 없고 강태공姜太公같이 당대 제일의 병법가라 하더라도 어디에 간들 고생하지 않을 수 있겠소?"

  시씨의 말을 들은 맹씨는 화가 수그러졌다. 자신의 불행도 때를 만나지 못한 운명으로 받아들이고 살아가겠다고 생각했다. 이렇게 생각한 맹씨가 시씨에게 말했다.

  "알아들었소. 더 이상 말씀하실 필요가 없을 것 같소."

군대를 보낸 사이에

진晉나라 문공文公이 위衛나라를 치려고 군대를 파견했다. 그때 문공의 아들이 하늘을 향해 고개를 쳐들고 크게 웃었다.

문공은 아들이 웃는 것을 보고 물었다.

"무엇이 그리 재미있다고 웃느냐?"

"제가 아는 사람 가운데 며칠 전에 자기 아내와 함께 처갓집에 다녀온 사람이 있는데, 그 사람 생각이 나서 웃었습니다. 그는 처갓집에 들르려고 아내와 함께 길을 떠났습니다. 그런데 도중에 아리따운 아낙네가 뽕나무 밭에서 뽕잎을 따고 있는 것을 보고는 수작을 부리려고 슬슬 말을 걸었습니다. 그러다 갑자기 멀리 뒤에서 따라오고 있는 아내 생각이 나서 돌아보니, 아내 역시 어떤 사내와 마주서서 이야기를 주고받으면서 수작을 부리고 있더라는 것입니다. 지금 그 사람 생각이 나서 웃은 것입니다."

문공은 아차하고 깨달았다. 그래서 곧바로 회군을 명령했다. 그런데 군대가 수도에 채 도착하기도 전에, 이웃 나라 군대가 국경을 넘어 쳐들어오고 있다는 급보가 날아왔다.

도둑을 모두 잡으려면

진晉나라는 들끓는 도둑들 때문에 사회가 몹시 혼란했다. 경찰을 늘리고 별별 수단을 다 써봐도 도둑은 줄어들지 않았다. 그때 한 지방 관리가 치옹郗雍이라는 사람을 임금에게 데려왔다. 그는 관상, 특히 눈과 눈썹만 보면 그가 도둑인지 아닌지를 족집게처럼 가려내는 능력이 있었다.

임금은 그를 도둑 잡는 책임자 자리에 앉혔고, 그는 즉시 나라 안을 돌아다니면서 날마다 수십 명씩 도둑을 잡아 감옥에 가두었다. 임금은 흡족한 마음으로 이 일을 조나라 문자에게 자랑했다.

"나는 도둑을 족집게처럼 잡아내는 사람을 얻었소. 그 사람만 있으면 나라 안의 도둑을 모두 잡을 수 있을 것이오. 도둑들 때문에 한시도 편할 날이 없었는데 이제 한시름 덜은 것 같소."

그 말을 들은 문자가 말했다.

"도둑을 잡는 것으로는 도둑이 없어지지 않을 것입니다. 오늘 백 명을 잡아들이면 내일 또 백 명이 생겨날 것입니다. 어떤 문제가 있을 때 증상만 치료하는 것으로는 문제를 해결할 수 없습니다. 그 원인을 없애버려야지요. 제가 보기에는 그 도둑 잡는 명수는 제명에 죽지 못할 것 같습니다."

치옹이 도둑을 잡아들이기 시작한 지 얼마 지나지 않아서, 마음 놓고 도둑질을 할 수 없게 된 도적 떼가 모의를 했다.

"우리가 지금 궁지에 빠지게 된 것은 치옹 때문이다. 그놈만 처치하면 된다."

이렇게 합의한 도둑들은 치옹을 암살하는 데 성공했다. 진나라 임금은 치옹이 살해되었다는 말을 듣고 깜짝 놀랐다. 그래서 당장 문자를 불러 자문을 구했다.

"선생 말대로 치옹은 도둑들에게 살해되고 말았소. 그러니 이 문제를 해결할 무슨 묘안이 없겠소?"

문자가 대답했다.

"주나라 속담에 이런 말이 있습니다. '깊은 연못 속 밑바닥에 있는 물고기까지 환하게 보는 사람은 화를 당하고, 감춰진 비밀을 캐내는 재주를 가진 사람에게는 재앙이 따른다.' 그러니 임금께서 정말로 도둑이 없는 나라를 만들고 싶으시면 어질고 정직한 사람을 등용하여 그로 하여금 백성을 교화하도록 하시는 것이 최선입니다. 그가 모범을 보이면 백성들이 그를 존경하며 따를 것이고, 그러면 나라에서 점차 도둑이 사라질 것입니다."

임금은 문자의 충고를 받아들여서, 수회隨會라는 현인을 임명하여 백성을 교화하는 일을 시행하게 했다. 그러자 문자가 말했던 대로 백성들이 정직해지기 시작했고, 범죄 발생률이 크게 떨어졌다. 몇 명 남지 않은 도둑들은 그런 나라 분위기에서는 양심에 걸려 도저히 도둑질을 할 수 없다고 판단하고 모두 다른 나라로 도망갔다.

물속에서는 물과 싸우지 않는다

　공자가 위衛나라를 둘러본 다음 노나라로 돌아오는 길에 제자들과 함께 어마어마하게 높은 폭포를 구경하게 되었다. 까마득한 절벽에서 떨어지는 물이 일으킨 거품이 삼십 리나 흘러갈 정도로 엄청난 폭포였다. 그 폭포는 거북이나 자라나 큰 물고기도 헤엄을 치지 못할 정도로 물살이 거셌다.
　폭포의 거대한 장관을 보고 있는데 저쪽에서 어떤 사람이 강물로 뛰어들려고 하는 모습이 보였다. 공자는 제자들에게 그가 강으로 뛰어들지 못하게 하라고 시켰다. 제자들은 손을 가로저으며 위험하니 건너오지 말라고 소리쳤다. 그러나 그 사내는 그 말을 들은 척도 안 하고 급류 속으로 몸을 던졌다. 그러더니 유유히 헤엄쳐서 강 이쪽으로 건너왔다. 공자는 자기가 본 것을 믿을 수가 없었다. 그래서 그 사람을 쫓아가서 말을 걸었다.
　"나는 당신처럼 헤엄을 잘 치는 사람을 본 적이 없소. 도대체 이런 급류에서 어떻게 헤엄을 칠 수 있는 것입니까?"
　강을 건너온 사내가 말했다.
　"무슨 특별한 방법이 있는 것은 아닙니다. 저는 그저 물속에 있을 때 물과 싸우지 않을 뿐입니다. 저는 제 힘이나 기술로 헤엄을 치지 않습니다. 물을 믿고 물의 흐름에 몸을 맡길 뿐이지요. 물의 흐름에 저항하지 않고 그 흐름에 따라 물속으로 들어가기도 하고 떠오르기도 할 뿐이지요. 저는 물을 믿고 물에 몸을 맡길 수 있기 때문에 강과 친구가 되었고, 그래서 강은 저를 해치지 않습니다."

공자가 제자들에게 말했다.

"너희들은 이 말을 잘 기억해두어라. 믿음과 신뢰가 있으면 강과도 친구가 될 수 있거늘, 사람 사이야 더 말할 것이 있겠느냐?"

※제2편 황제 '천성처럼'의 이야기와 유사한 내용이다. 『열자』가 여러 가지 전승을 엮어서 편집된 책임을 보여주는 예라고 할 수 있다. 『열자』 안에 공자가 위대한 성인으로 묘사된 이야기와 아직 도를 터득하지 못한 사람으로 묘사된 이야기가 함께 실려 있는 것도 같은 이유로 보인다. 역자 주

물고기를 못 잡아도 옷은 젖는다

　백공白公은 자신의 정적政敵 둘을 제거하려는 음모를 꾸미고 있었다. 그는 사람들이 자기의 음모를 알아차리게 될까봐 염려가 되었다. 그래서 공자를 찾아가서 물었다.
　"내가 누군가에게 비밀을 말하면 그 비밀이 지켜질 수 있을까요?"
　공자는 아무 대답이 없었다. 그러자 백공이 다시 물었다.
　"만약 돌을 연못에 던지면 연못 속에 그 돌이 있다는 것을 알아차릴 사람이 있을까요?"
　공자가 대답했다.
　"아마 잠수를 잘하는 사람이 있다면 그 돌을 건져낼 것입니다."
　백공이 다시 물었다.
　"두 강물에서 떠온 물을 섞어놓으면 그것이 두 강물에서 떠온 물이라는 것을 알아차리는 사람이 있을까요?"
　공자가 대답했다.
　"그렇게 알아차릴 수 있을 정도로 감각이 뛰어난 사람이 있다고 들었습니다."
　백공이 또 물었다.
　"그렇다면 비밀이란 있을 수 없는 것이군요."
　공자가 정색을 하고 대답했다.

"왜 있을 수 없겠습니까? 물론 말을 하면 비밀이 지켜지기가 어렵겠지요. 하지만 당신이 지금 말을 하지 않았어도 내가 당신의 의중을 알아차렸기에 이미 밀담이 오고간 것이 아니겠습니까? 하지만 꼭 알아두시기 바랍니다. 어떤 것을 얻는 가장 좋은 방법은 그것을 얻으려고 억지로 애쓰지 않는 것입니다. 물고기를 잡으려는 사람은 물고기를 못 잡고도 옷을 적시게 되어 있고, 짐승을 잡으려는 사람은 짐승을 못 잡고도 뛰게 되어 있습니다."

백공은 공자의 말을 귀담아듣지 않고 돌아갔다. 백공이 꾸민 음모는 얼마 후 노출되었고, 그는 목욕탕에서 목욕을 하다가 반대파 사람이 보낸 자객에게 살해되었다.

※ 백공은 초나라 평平임금의 손자이며, 이름은 백승白勝이다. 공자의 만류에도 불구하고 뒤에서 모반을 도모하다가 살해되었다. 역자 주

담담한 마음을 유지하면

조나라 양자襄子가 수하의 장수를 시켜 이웃 나라를 치게 했다. 며칠 후 전령이 달려와서 큰 성 두 개를 함락시켰다는 승전보를 전했다.

양자는 식사를 하다가 그 소식을 듣고 기뻐하기는커녕 오히려 근심 어린 표정을 지었다. 이를 이상하게 여긴 신하들이 양자에게 물었다.

"우리 군대가 하루에 성 두 개를 점령했다는데 폐하께서는 기뻐하시기는커녕 오히려 근심하는 눈빛이시니 무슨 까닭이신지요?"

양자가 말했다.

"옛말에 큰 홍수도 사흘 이상 가지 않고, 거센 바람도 한나절을 줄곧 불지 못하며, 소나기도 하루 종일 내리지 못한다는 말이 있네. 이것은 아무리 큰 성공이라도 오래가지 않는다는 말이지. 이렇듯 영원한 것이 없는데, 오늘 큰 성공을 거두었다면 머지않아 실패도 있지 않겠나? 나는 그것을 염려하는 것이라네."

이 소문을 전해들은 공자가 말했다.

"그런 임금이 다스리는 조나라는 오랫동안 강대국 자리를 차지하고 있을 것이다. 큰 성공에도 들뜨거나 자만하지 않고, 오히려 차분하게 가라앉은 마음으로 경계심을 늦추지 않으니 어찌 오래가지 않겠는가? 승리한 것을 기뻐하기란 쉬운 일이지. 그러나 승리하고도 담담한 마음을 유지하는 것은 쉬운 일이 아니라네. 임금이 승리한 것을 뻐기고 자만한다면 그 나라는 머지않아 망하고 마네. 제나라, 초나라, 오나라, 월나라 같은 나라들을 보게. 그들도 전에 승리를 거둔 적이 있지만 한순간의 성공이 오랜 성공의 보장이 되지 못한다는 것을 몰랐기 때문에 망하고 말지 않았는가? 오직 도를 터득하고 있는 사람의 성공만이 오래가는 법이라네."

공자는 쇠로 된 국경 검문소 문짝을 들어올릴 수 있을 만큼 힘이 장사였지만, 결코 자신의 힘을 자랑한 적이 없었다고 한다. 묵자는 전투 상황을 재현한 장기의 고수이며 뛰어난 전략가였지만, 결코 병법에 뛰어난 인물로 알려지는 것을 원치 않았다고 한다.

자신의 성공을 드러내거나 뽐내지 않으며, 자신의 실력을 과시하지 않는 사람만이 계속 성공할 수 있다.

※본문에 나오는 양자 수하의 장수 이름은 신치목자新穉穆子이다. 그는 양자의 가신家臣이었다. 그는 적翟나라를 공격하여 좌인左人과 중인中人이라는 두 개의 성을 빼앗은 일이 있다. 역자 주

길조인가 흉조인가

송나라에 친절하기로 소문난 집안이 있었다. 그 집안 식구들은 3대에 걸쳐 내려오면서 어려운 이웃을 돕는 일을 게을리하지 않았다. 그런데 어느 날 그 집에 이상한 일이 생겼다. 검은 소가 까닭 없이 흰 송아지를 낳은 것이다. 그 집 사람들은 이런 일이 생긴 이유를 공자에게 여쭈었다. 공자가 대답했다.

"그대 집안에 아주 좋은 일이 일어날 징조입니다. 그러니 흰 송아지를 하늘에 바치는 천제를 지내시오."

그 후 일 년이 지났다. 그런데 그 집 가장의 눈이 갑자기 멀었다. 그는 아들을 시켜 공자에게 그 까닭을 여쭈어보라고 했다. 그러자 아들이 퉁명스럽게 말했다.

"먼저 흰 송아지가 태어났을 때 그분은 우리 집에 좋은 일이 일어날 징조라고 말했습니다. 그런데 좋은 일은커녕 오히려 이런 나쁜 일이 일어났는데, 다시 여쭈어본다고 무슨 신통한 대답이 나오겠습니까?"

아버지가 말했다.

"현인의 지혜는 우리 같은 범부가 알 수 없는 것이다. 게다가 내가 눈이 먼 것이 좋은 일인지 나쁜 일인지 지금 당장은 모르는 일이니 가서 다시 한 번 여쭈어보거라."

아들은 내키지 않으면서도 아버지의 말씀인지라 공자를 찾아가서 여쭈었다. 그러자 공자가 대답했다.

"이것도 그대의 집안에 좋은 일이 있을 징조라네. 그러니 다시 하늘에 제사를 지내게."

아들은 집으로 돌아와서 아버지에게 말씀드렸다. 그러자 아버지가 말했다.

"그분 말씀대로 하거라."

그 후 또 일 년이 지났다. 그런데 이번에는 뚜렷한 이유 없이 멀쩡하던 아들의 두 눈이 멀었다.

얼마 후 강대국 초나라가 송나라로 쳐들어와서 성을 포위했다. 쓸 만한 장정은 모두 전투에 소집되어 초나라의 강한 군대에 저항하여 싸우다가 거의 모두 전사했다.

이들 부자는 눈이 멀었기 때문에 전쟁터에 끌려가지 않았고, 그래서 목숨을 부지할 수 있었다. 전쟁이 끝나자 집집마다 남편과 아들을 잃은 여자들의 울음소리가 그치지 않았다. 아들은 자신의 불행이 결국은 좋은 일이 있을 징조였다는 것을 깨달았다. 전쟁이 끝난 뒤 얼마 지나지 않아, 이번에도 뚜렷한 이유 없이 그들 부자의 시력이 회복되었다.

두 곡예사의 운명을 가른 것

떠돌이 곡예사가 있었다. 그는 송나라를 돌아다니면서 재주를 보이고 있었는데, 그 소문을 들은 임금이 그를 불러 재주를 보이도록 했다.

그는 두 길이나 되는 대나무 장대 두 개를 다리에 묶고 벌떡 일어서서 앞으로 뛰기도 하고 뒤로 걷기도 하며 묘기를 부렸다. 그는 몸이 흔들리지도 않았고, 마치 대나무 장대가 다리의 일부분인 것처럼 자유롭게 움직였다. 그러면서 칼 일곱 개를 공중에 던지고 받고 하였는데, 그중 다섯 개는 늘 공중에 떠 있었다. 정말로 신기한 재주였다.

그 모습을 본 임금은 감탄하며, 그에게 비단과 금을 선물로 내렸다.

다른 떠돌이 곡예사가 이 이야기를 듣고 자기도 송나라 임금에게 묘기를 보이고 상을 받겠다고 생각하고 궁궐로 찾아갔다. 그는 임금 앞에서 높이 매달아놓은 그네를 타는 공중 그네 묘기를 보였다.

곡예사는 묘기를 다 보인 다음 임금께서 상을 내리시기만을 기다렸다. 그런데 임금은 벌컥 화를 내며 소리를 질렀다.

"얼마 전에 대나무 장대를 다리에 묶고 희한한 재주를 보인 놈이 있었다. 그때는 좋은 일이 있어서 내 기분이 좋은 상태였기 때문에 그놈에게 상을 내렸지. 너는 그놈이 내 앞에서 묘기를 보이고 상을 받았다는 말을 듣고 상을 받을 생각으로 나한테 왔겠지. 그러나 지금은 내가 기분이 안 좋은 상태야."

　임금은 곡예사를 감옥에 처넣으라고 명령했다. 다행이 며칠이 지난 후 임금의 기분이 다시 좋아졌다. 그 덕분에 떠돌이 곡예사는 풀려날 수 있었다.

　행운과 불운은 이렇게 우리가 알 수 없는 어떤 운명의 힘에 따라 오기도 하고 가기도 한다. 따라서 행운이 찾아왔다고 자만해도 안 되고, 불운이 닥쳤다고 좌절하거나 화낼 필요도 없다.

천하의 명마를 고르는 눈

백락伯樂이라는 사람은 진秦나라 임금이 탈 말을 고르고 훈련시키는 유명한 말 감정가이자 조련사였다. 그러나 그가 나이 들어 기력이 쇠해지자, 임금은 그가 후계자를 길러놓지 않고 죽을까봐 걱정이 되었다. 그래서 임금이 백락에게 말했다.

"자네는 이제 늙었네. 이제 일에서 손을 놓고 여생을 편히 쉬라고 하고 싶지만 자네 일을 대신 맡아줄 사람이 없으니 어찌하면 좋겠나? 자네 가족 가운데 자네 뒤를 이을 만한 아들이 없는가?"

백락은 머리를 조아리면서 대답했다.

"폐하, 체형과 근육을 보면 좋은 말인지 아닌지 누구나 알 수 있습니다. 그러나 천하의 명마는 겉모습만 보고는 알지 못합니다. 앞으로 나타날 잠재된 가능성을 볼 수 있어야지요. 그런 말을 골라 잘 훈련시키면 번개처럼 빠르고 천 리를 달려도 지치지 않는 뛰어난 명마가 됩니다. 제 자식들 가운데는 좋은 말을 고를 줄 아는 녀석은 있어도, 번개처럼 달리고 천 리를 달려도 지치지 않는 천하의 명마를 고를 눈을 가진 녀석은 없습니다."

임금이 근심스러운 표정을 하자 백락이 다시 말했다.

"제가 천하의 명마를 볼 줄 아는 눈을 가진 사람을 하나 알기는 합니다. 그 사람의 이름은 구방고九方皐인데, 시장에다 채소와 땔나무를 내다 파는 하찮것없는 직업을 가진 사람이지만, 말을 보는 눈만큼은 저에 못지않습니다."

임금은 당장 구방고를 불러다가 천하의 명마가 될 망아지를 찾아오라고 시켰다. 말을 찾아 돌아다니던 구방고는 석 달 만에 먼 지방에서 명마가 될 망아지 한 마리를 찾았다. 그는 그 망아지를 끌고 궁궐로 돌아와서 임금에게 보고했다. 임금은 흥분한 기색을 감추지 못하고 급히 물었다.

"그래, 그 말이 어떻게 생겼느냐?"

"예, 누런 암망아지입니다."

"당장 끌고 와보거라."

그런데 막상 끌고온 말을 보니 검은 숫망아지였다. 임금은 구방고를 내쫓은 다음 백락을 불러 매우 화가 난 목소리로 책망했다.

"자네가 추천한 사람은 엉터리도 이만저만한 엉터리가 아닐세. 말의 색깔도 구별하지 못하고 암수도 모르는 사람이 어떻게 천하의 명마를 고른다는 말인가!"

그 말을 들은 백락이 길게 한숨을 내쉬며 말했다.

"아하, 그렇군요. 그 사람이 말을 보는 눈은 제가 상상했던 것 이상입니다. 그의 능력은 저보다 훨씬 뛰어납니다. 저는 아직도 말을 고를 때 외모에서 풍기는 인상을 중요하게 여깁니다. 그런데 그는 외모는 전혀 보지 않고 말이 타고난 자질을 보는군요. 그는 눈에 보이지 않는 잠재된 자질만을 보았기 때문에, 껍데기가 검은지 흰지 또 암놈인지 수놈인지가 전혀 중요하지 않았던 것입니다."

임금은 미심쩍기는 했지만 그래도 전문가의 말인지라 백락의 말을 믿고 구방고가 끌고온 망아지를 훈련시키도록 했다. 시간이 지난 다음, 그 망아지는 천하에 둘도 없는 명마가 되었다.

모든 것을 잘 다스리려면

초나라 장莊임금이 현인으로 알려진 첨하에게 물었다.
"나라를 잘 다스리는 방법을 말해줄 수 있겠소?"
첨하가 대답했다.
"소인은 제 한 몸을 다스리는 법에 대해서는 조금 알지만 나라를 다스리는 법에 대해서는 아는 바가 없습니다."
장임금이 다시 물었다.
"나에게는 나라의 사당을 잘 지키고, 하늘과 땅에 제사를 드려야 하는 책임이 있소. 어떻게 하면 이 일을 잘할 수 있겠소?"
첨하가 대답했다.
"신이 알고 있기로는 자기 한 몸을 잘 다스리는 사람 중에 나라를 어지럽힌 사람이 없습니다. 그리고 자기를 잘 다스리지 못한 사람 중에 나라를 잘 다스린 사람도 없었습니다. 그러므로 자기를 잘 다스리는 것이 모든 것을 잘 다스리는 것의 출발점이라고 생각합니다."
장임금이 얼굴을 활짝 펴고 말했다.
"옳은 말이오! 정말 정확한 지적이오."

삶을 어렵게 만드는 세 가지

호구狐丘에 사는 한 지혜로운 노인이 손숙오孫叔敖에게 물었다.

"삶을 어려움으로 끌어들이는 세 가지가 있는데 자네는 그것이 무엇인지 아는가?"

손숙오가 의아하다는 눈빛을 띠며 말했다.

"모르겠습니다."

노인이 말했다.

"지위와 재산과 능력이라네. 지위가 높으면 경쟁자들이 시기하고, 재산이 많으면 다른 사람들이 원망하며, 뛰어난 능력을 보이면 그대의 윗사람조차도 그대를 질투할 것이네. 그러므로 이 세 가지가 인생을 궁지로 몰아넣는 원흉이지. 몸을 낮춰 낮은 자리에서 지내고, 재물을 탐내지 않고, 능력을 과시하지 않으면 편안하게 살 수 있네."

노인은 빙긋이 웃으며 더 이상 말하지 않았다.

세월이 흐른 후, 손숙오가 병들어 죽게 되었다. 그는 아들을 불러놓고 훈계했다.

"내가 관직에 있을 때 임금께서 여러 차례 기름진 넓은 땅을 하사하시려고 했다. 그러나 내가 정중히 사과하고 받지 않았다. 내가 죽고 나면 임금께서는 분명히 그 땅을 너에게 주려고 하실 것이다. 그러나 너는 절대로 그 땅을 받으면 안 된다. 그 대신 저 변두리에 있는 척박한 땅을 달라고 하거라. 그래야 너와 너의 후손들이 마음 편히 살 수 있을 것이다."

손숙오가 죽자 과연 임금은 손숙오에게 주려고 했던 기름지고 넓은 땅을 그의 아들에게 주려고 했다. 그의 아들은 그 땅을 사양하고 대신 변두리의 척박한 땅을 달라고 했다. 임금은 기꺼이 그 땅을 손숙오의 아들에게 주었다.

초나라 사람들은 그 땅을 귀신들이나 살 수 있는 곳으로 여겼고, 월나라 사람들은 재수 없는 곳으로 여겼다. 아무도 그 땅을 넘보는 사람이 없었다. 그래서 그의 후손들이 아직도 그 땅을 차지하고 있다.

도적 떼를 만나면

조나라 시골에 사는 우결牛缺이라는 사람은 훌륭한 유학자였다. 그는 서울로 가는 도중에 산길을 지나다가 도적 떼를 만났다. 그는 도적들에게 옷과 수레와 돈을 모조리 빼앗긴 다음 터덜터덜 걸어갔다. 그런데 도적들이 그의 모습을 보니 원망하거나 억울해하는 기색을 찾아볼 수 없었다. 하도 이상해서 도적들이 그를 뒤쫓아가서 물었다.

"아니, 당신은 가진 것을 모두 털리고도 억울해하는 기색을 전혀 보이지 않으니 무슨 까닭이오?"

우결이 담담한 표정으로 대답했다.

"군자는 소유에 대한 집착이 없소. 모든 재물은 원래 내 것이 아니오. 원래 내 것이 아니었던 것이 떠나갔는데 억울할 일이 뭐 있겠소?"

이 말을 들은 도둑들은 서로 얼굴을 쳐다보며 말했다.

"저 사람 말을 들어보니 아주 지혜로운 사람인 것이 분명하군."

발길을 돌려 돌아오던 도둑들은 우결이 한 말을 놓고 서로 이야기를 주고받았다. 누군가가 이렇게 말했다.

"저 사람같이 현명한 사람이 서울에 가면 반드시 출세할 것이고, 그러면 우리 같은 사람을 잡아들이려고 할 것이 분명하네. 그러니 아예 그를 죽여 없애버리는 것이 낫겠네."

도둑들은 이 말에 합의하고 우결을 뒤쫓아가서 죽여버렸다.

어떤 연燕나라 사람이 이 이야기를 듣고는 가족들을 모아놓고 훈계했다.

"너희들은 도적 떼를 만나더라도 절대 고지식한 우결처럼 행동해서는 안 된다."

얼마 후 그의 아우가 진나라로 가다가 도적 떼를 만났다. 그는 형이 한 말을 떠올리고는 도적들과 힘을 다해 싸웠다. 그러나 그는 갖고 있던 것을 모조리 빼앗기고 말았다. 그런 다음에도 도적들을 뒤쫓아가며 자기 물건을 되돌려 달라고 애걸복걸했다. 그러자 화가 난 도적들이 말했다.

"우리가 네놈을 죽이지 않은 것만으로도 고마워해야 할 판에 이렇게 계속 쫓아오며 시끄럽게 해서 뭘 어쩌겠다는 것이냐! 네놈이 우리를 끝까지 따라와서 우리가 머무는 곳이 어디인지 안 다음에 돌아가면 반드시 관가에 고발할 것이고, 그러면 우리가 어려움에 처할 것이 분명하니 아예 죽여 없애버리겠다."

그리고 도적들은 그 자리에서 그를 죽여버렸다.

천 벌은 우연히 찾아온다

　양나라에 우虞씨라는 큰 부자가 살고 있었다. 그는 부자임을 뽐내는 대단히 교만한 사람이었다. 그는 자신이 부자라는 것을 과시하기를 좋아했고, 자기보다 가난한 사람들을 조롱했다. 그는 친구들을 불러, 자기 집 울타리 옆에 있는 높은 누각에서 자주 술판을 벌이면서 주사위 노름을 즐겼다.
　어느 날 저녁, 그날도 우씨 집에서 여러 사람이 술에 거나하게 취한 상태에서 주사위 노름을 하고 있었다. 한 사람이 던진 주사위 두 개에서 모두 6이 나왔다. 그러자 모든 사람이 갑자기 손뼉을 치며 함성을 질렀다. 마침 그 옆을 날아가던 솔개가 그 소리에 놀라서 입에 물고 있던 썩은 쥐를 떨어뜨렸다. 그때 누각 아래로 난 길에 무사武士들 몇 명이 지나가고 있었는데, 솔개가 떨어뜨린 썩은 쥐가 우두머리 무사의 머리 위로 떨어졌다. 누각 위에서는 아직도 시끌벅적한 소리가 그치지 않고 있었다. 화가 머리끝까지 치밀어 오른 우두머리 무사가 동료들에게 말했다.
　"우씨 이 새끼! 돈만 있으면 뭐든지 할 수 있다고 생각하는 모양이지? 나는 그를 공격하거나 욕한 적이 없는데 나한테 썩은 쥐를 던져? 이건 도저히 참을 수가 없어. 내가 이런 모욕을 받고도 가만히 있으면 모든 무사들의 수치거리가 될 것이다."

그날 밤 우두머리 무사는 수하의 모든 무사를 소집해놓고 말했다.
"우씨가 오늘 우리 무사의 명예에 도전장을 던졌다. 그의 집을 쑥대밭으로 만들어버리자!"

무사들은 우두머리 무사의 말에 따라 새벽에 우씨 집으로 쳐들어가서 그 집에 있던 모든 사람을 죽였다.

산적의 호의

동쪽 지방에 사는 원정목爰旌目이라는 사람이 서쪽 지방으로 가는 도중에 준비해간 음식이 떨어져서 며칠 동안 아무것도 먹지 못했다. 그러다가 인적이 끊어진 외진 곳에서 기력을 잃고 쓰러졌다. 마침 그곳을 지나던 산적이 길가에 쓰러져 있는 그를 발견했다.

가까이 가서 살펴보니 아직 숨이 붙어 있었다. 산적은 쓰러져 있는 사람의 입에 물과 음식을 떠 넣어주었다. 원정목은 서너 수저를 받아 먹은 다음에 간신히 눈을 떠보니 험상궂은 사람이 몸을 구부리고 자기를 돌보고 있었다. 그는 흠칫 놀라서 물었다.

"당신은 누구십니까?"

"나는 호부狐父 땅에 사는 구丘라는 사람이오."

원정목은 깜짝 놀라며 말했다.

"아니, 그렇다면 당신은 그 유명한 산적이 아니요?"

"그렇소."

"그런데 어쩌자고 나에게 음식을 먹였소? 나는 본래 의로움을 지키는 사람이오. 당신 같은 사람이 주는 음식은 먹을 수가 없소. 그 음식은 남의 것을 빼앗아 얻은 것이 아니오?"

그러고 나서 원정목은 목으로 넘어간 음식을 토해내려고 캑캑거리다가 엎어져 죽고 말았다.

구는 물론 악명 높은 도둑이었다. 하지만 그가 원정목에게 베푼 호의는 순수한 것이었으며, 더군다나 그가 준 음식은 그저 음식일 뿐 악한 것도 아니고 죄도 아니었다. 스스로 의롭다고 생각한 원정목은 이름과 실제를 구분하지 못하고 죽은 것이다.

자기를 알아주지 않는 이를 위해 싸우는 것은

거나라 오공敖公의 신하 가운데 주려숙柱厲叔이라는 사람이 있었다. 그는 임금이 자기 재능을 인정해주지 않는 것에 불만을 품고 사직하여, 외딴 바닷가 마을에 숨어 살았다. 알아주지도 않는 임금을 섬기며 지내느니, 여름에는 바다에서 나는 해초를 따먹고 겨울이면 도토리와 밤이나 먹으면서 사는 것이 차라리 낫겠다고 생각한 것이다.

얼마 후 거나라에 외적이 침입해서 임금이 곤경에 처하게 되었다. 그 소식을 들은 주려숙은, 당장 임금을 위해 싸우겠다고 결심하고 이웃 사람들에게 작별 인사를 했다. 그러자 이를 이상하게 생각한 이웃 사람들이 물었다.

"아니 당신은 임금이 당신을 알아주지 않는다는 이유로 관직을 버리고 이곳에 오지 않았소? 우리는 자기를 알아주는 임금을 위해 목숨을 버렸다는 얘기는 들어보았어도, 자기를 알아주지 않는 임금을 위해 목숨을 버린 사람이 있다는 얘기는 들어보지 못했소. 그런데 당신은 자기를 알아주지도 않는 임금을 위해 싸우러 가겠다는 것이오?"

주려숙은 이를 악물고 단호한 어조로 대답했다.

"그렇소, 당신들 말이 맞소. 나는 임금이 나를 알아주지 않았기 때문에 떠나온 것이 사실이오. 그래서 지금 복수를 하려는 것이오. 내가 다른 신하들 앞에서 임금을 위해 싸우다가 죽으면 임금은 나를 인정해주지 않은 것을 부끄럽게 여길 것이오. 그래서 나는 임금이 부끄러워하게 만들기 위해 가려는 것이오."

무릇 자기를 알아주는 사람을 위해 죽는 것은 자연스러운 일이다. 자기를 인정해주지 않는 사람을 위해서 목숨을 내걸지 않는 것 또한 자연스러운 일이다. 자기를 알아주는 사람을 위해 목숨을 내걸지 않는 것은 배신이고, 자기를 알아주지 않는 사람을 위해서 목숨을 내거는 것은 증오와 복수다. 이것은 자연의 질서에 어긋나는 일이다.

내보내는 것이 돌아온다

양주가 말했다.

"남에게 이로움을 주는 사람에게는 이로움이 돌아온다. 남에게 원한 살 일을 하는 사람에게는 해가 돌아온다. 안에서 내보낸 그대로 밖에서 돌아오는 것은, 마치 부르고 대답하는 것과 같다. 그러므로 현명한 사람은 내보내는 것을 조심한다."

하나의 길

양주의 이웃 사람이 양을 잃어버렸다. 그의 온 가족과 친구들은 양을 찾느라고 어수선했다. 그들은 양주의 하인들까지 불러내서 양 찾는 것을 도와 달라고 법석을 떨었다.

양주가 말했다.

"어허! 잃어버린 양은 한 마리뿐인데, 어찌 이리 많은 사람들이 법석을 떠는가?"

이웃 사람이 말했다.

"양이 도망간 곳에 샛길이 많아서 어느 길로 갔는지를 몰라서 그렇습니다."

얼마 후 양을 찾으러 갔던 사람들이 돌아왔다. 양주는 양 주인에게 물었다.

"그래 양은 찾았는가?"

"아니오, 못 찾았습니다. 샛길에 샛길이 얽혀서 나 있는 바람에 어느 길로 갔는지를 알 수가 없었습니다. 이 정도의 인원으로는 도저히 그 길을 다 뒤질 수가 없었습니다."

양주는 그 말을 듣고 무거운 표정을 짓더니 하루 종일 아무 말도 하지 않았다. 제자들이 이상하게 여겨 여쭈었다.

"양 한 마리는 그리 대수로운 것도 아니고, 더군다나 선생님 양도 아닌데 왜 그렇게 어두운 얼굴을 하고 계십니까?"

양주는 아무 대답이 없었다. 제자인 맹손양은, 심도자心都子는 양주의 친한 친구이니 혹시 선생님의 뜻을 알지도 모르겠다고 생각하여 그를 찾아가서 자초지종을 이야기했다. 심도자는 다음날 맹손양과 함께 양주에게 갔다.

양주를 만난 심도자가 말했다.

"세 형제가 훌륭한 학자들이 많은 곳으로 공부하러 떠났다. 그들은 여러 해 동안 한 스승 밑에서 배웠다. 공부를 마친 다음 세 아들이 돌아오자 아버지가 물었다.

'인의가 무엇이냐?'

첫째 아들이 대답했다.

'인의란 몸을 아끼고, 명성을 얻기 위해 몸을 희생하지 않는 것을 말합니다.'

둘째 아들은 이렇게 대답했다.

'인의를 갖춘 사람은 이름을 더럽히지 않기 위해서 몸을 아끼지 않습니다.'

셋째 아들은 이렇게 대답했다.

'자신의 몸도 잘 간수하고 이름도 명예롭게 유지하는 것을 인의라고 합니다.'

이들 세 아들은 모두 공자의 가르침을 좇는, 같은 스승 밑에서 배웠는데도 서로 다른 대답을 하고 있네. 누구 말이 맞고 누구 말이 그르다고 생각하는가?"

양주가 대답했다.

"강변에 살고 있는 어떤 사람이 있었네. 어려서부터 물과 함께 살았기 때문에 헤엄도 잘 치고 물과는 친구처럼 지내는 사람이었네. 그는 강을 건너려는 사람들을 배로 운반해주고 뱃삯을 받아 생활했지. 그러다가 물에 빠진 사람이 있으면 능숙한 수영 실력으로 사람을 구해내기도 하고 말이네. 그러다가 어느 날 물에 빠져 허우적거리는 사람을 건져주었는데, 그는 큰 부자였네. 그는 자기 생명을 구해준 뱃사공에게 많은 재물을 선물로 주었네. 그래서 뱃사공은 아주 여유 있는 생활을 하게 되었네. 이 소문을 들은 많은 사람들이, 자기들도 헤엄치고 배 다루는 법을 배워서 사람을 건져내어 부자가 될 욕심으로 뱃사공을 찾아왔네. 그런데 절반 이상은 물에 빠져 죽고, 헤엄치는 법과 배 다루는 법을 제대로 배운 사람은 몇 안 된다는 거야. 모든 사람이 한 사람에게 배웠지만, 어떤 사람은 성공하고 어떤 사람은 실패한 것이지."

심도자는 고개를 끄덕이고는 아무 말 없이 밖으로 나갔다. 맹손양이 급히 뒤쫓아 나와서 심도자를 붙잡고 여쭈었다.

"두 분 말씀이 도대체 무슨 뜻입니까? 질문이나 대답이 한결같이 아리송하니 도대체 무슨 뜻인지를 모르겠습니다."

심도자가 책망하는 어조로 말했다.

"양을 찾으러 나갔던 사람들은 길이 너무 많아서 양을 못 찾고 돌아왔고, 헤엄치는 것을 배우려던 사람들은 이런저런 다른 방법으로 헤엄을 치려다가 실패한 것이라네. 도를 배우기 위해서는 오로지 한 길만 따라가야 하네. 이 길 저 길 다 가보려고 하다가는 혼란만 늘어날 뿐, 결코 도에 이르지 못하네. 만물의 근원에 초점을 맞추고, 거기에 도달할 때까지 스승이 가르쳐준 방법에 따라 정진을 멈추지 않아야만 하지. 이 사람아, 이렇게 여러 해 동안 저 사람에게 배웠으면서도 그것을 몰랐다는 말인가?"

※여러 학문을 전전하다가 어느 것 하나 제대로 마치지 못함을 일컫는 다기망양多岐亡羊 또는 망양지탄亡羊之歎이라는 고사성어의 출처가 되는 이야기다. 역자 주

개를 나무라지 마라

양주에게 포布라는 아우가 있었다. 어느 날 그가 외출을 하려고 흰 옷을 입고 나와보니 금방이라도 소나기가 쏟아질 것 같은 날씨였다. 소나기가 쏟아져 길이 진흙탕이 되면 옷을 버리게 될까봐 다시 방으로 들어가 검은 옷으로 갈아입고 나왔다.

방문을 열고 나오자마자 자기 집에서 기르던 개가 그를 보고는 놀라서 으르렁거리며 짖었다. 그는 주인도 몰라보는 멍청한 놈이라고 하면서, 옆에 있는 작대기를 집어 들고 때리려고 했다.

그러자 양주가 그러지 말라고 하면서 말했다.

"개를 때리지 마라. 개는 잘못한 것이 없다. 개가 너를 보고 짖은 것은 아주 자연스러운 반응이다. 생각해봐라. 저 개가 원래는 흰 개인데 만약 밖에 나갔다 금방 검은 개가 되어서 돌아온다면 너라도 놀라지 않겠느냐?"

선을 행한다는 것

양주가 말했다.

"선善을 행하면 명성을 얻기 위해 선행한 것이 아닐지라도 저절로 명성이 따라온다. 명성을 얻으면 이익을 구하지 않아도 저절로 이익이 따라온다. 이익이 생기면 원하지 않아도 다툼이 일어난다. 그러므로 도를 따르는 사람은 선을 행하는 것을 조심해야 한다."

앎과 실천

옛날에 죽지 않는 술법을 알고 있다고 소문이 난 사람이 있었다. 연燕나라 임금은 신하를 보내 그 방법을 알아보라고 시켰다. 그런데 신하가 도중에 시간을 많이 허비하고 도착해보니, 그 사람은 이미 죽은 뒤였다. 신하가 신속하게 달려가지 않아서 죽지 않는 술법을 알 수 있는 기회를 놓쳤다고 생각한 임금은 화가 머리끝까지 치밀어 올랐다. 그래서 그 신하를 죽이라고 명령했다. 그때 임금의 총애를 받는 대신이 옆에 있다가 말했다.

"폐하, 죽지 않는 술법을 알고 있다는 사람은 이미 죽었습니다. 그가 진짜 죽지 않는 술법을 알고 있었다면 자기는 왜 죽었겠습니까? 그는 그 술법을 모르고 있었던 것이 분명합니다. 그러니 저 신하가, 그가 죽기 전에 그를 만났다고 해도 아무것도 얻지 못했을 것입니다."

임금은 대신의 말을 듣고 고개를 끄덕였고, 심부름을 다녀온 신하도 처벌을 받지 않았다.

제자齊子라는 사람도 죽은 그 사람에게서 죽지 않는 술법을 배우고 싶어했다. 그는 죽지 않는 술법을 알고 있던 사람이 죽었다는 말을 듣고는 가슴을 치며, 그것을 배울 기회를 놓친 것에 대해 몹시 안타까워했다. 부자富子라는 철학자는 제자가 한탄했다는 이야기를 듣고 말했다.

"제자가 배우려고 했던 것은 죽지 않는 방법이었다. 그런데 그 방법을 알고 있다고 주장한 사람이 죽었다. 이것은 그가 죽지 않는 방법을 모르고 있다는 얘기다. 만약 알고 있었다면 왜 죽었겠는가? 그러니 그 사람은 사기꾼이다. 그런 사기꾼에게 배울 기회가 없어졌다고 한탄하는 것은 우스운 일이다."

열자의 스승인 호자胡子는 부자의 말에 동의하지 않았다. 그는 이렇게 말했다.

"부자의 말은 옳지 않다. 세상에는 어떤 원리를 알고 있지만 그 원리를 자신의 삶에는 적용시키지 못하는 사람들이 있다. 또 그 원리가 무엇인지 모르지만 그 원리를 삶에 적용시켜 사는 사람도 있다. 알지만 실천하지 못하는 사람과, 실천하지만 그것이 무엇인지 모르는 사람이 있는 것이다.

위衛나라에 아주 뛰어난 수학자가 있었다. 그는 자기가 발견한 공식과 원리를 자식에게 가르쳐주고 세상을 떠났다. 아들은 아버지가 불러주는 대로 공식과 원리를 기록해놓기는 했지만 그것을 어디에 어떻게 적용시켜야 할지를 몰랐다. 수학적 원리를 탐구하던 어떤 사람이, 죽은 사람이 아들에게 남긴 공식과 원리를 보게 되었다. 그는 보자마자 그것을 이용해 여러 가지 어려운 문제들을 풀었다.

이런 일은 우리 주변에 늘 있는 일이다. 그러므로 어떤 사람이 적용하는 법을 몰라서 죽었을지라도 그는 얼마든지 죽지 않는 방법에 대한 정보를 가지고 있었을 수가 있는 것이다."

위험한 자비심

조나라 제후인 간자簡子가 신하들에게 새해 첫날 방생할 비둘기를 잡아서 바치라고 명령했다. 잡아오는 비둘기 수에 따라 후한 상을 내리겠다는 말도 덧붙였다. 그때 손님으로 와 있던 사람이 왜 그런 일을 하느냐고 물었다. 그러자 간자가 말했다.

"새해 첫날은 자비를 베풀기에 아주 좋은 날입니다. 그날 내가 비둘기를 방생하면 내가 모든 생명을 사랑하는 사람이라는 것을 백성들이 알 것입니다."

그러자 손님이 말했다.

"당신의 신하들은 비둘기를 많이 잡아오면 큰 상을 받을 것이라는 생각에 한 마리라도 더 잡으려고 난리법석을 떨 것입니다. 그러면 산 채로 잡히는 놈보다 죽는 놈이 더 많을 것입니다. 진짜로 자비를 베풀 마음이 있다면 비둘기 사냥을 금하는 것이 옳지 않겠습니까? 잡아온 비둘기 몇 마리를 살려 보내는 것이 자비라고요? 그것은 비둘기를 잡기 위해 저지른 잔인함에 비하면 턱없이 부족한 자비일 것입니다."

자신이 실수했다는 것을 깨달은 간자가 말했다.

"그렇소, 당신 말이 맞소. 내 당장 비둘기를 잡지 말라고 명령하리다."

더 귀하고 덜 귀한 것?

제나라의 세도가인 전씨가 큰 잔치를 벌였다. 잔치에 참석한 사람이 천 명이 넘을 정도로 그 규모가 엄청났다. 흥이 무르익을 즈음에 거위와 생선 요리가 전씨의 상에 올라왔다. 그러자 그가 하늘을 향해 고개를 들고 말했다.

"온갖 곡식과 새들과 물고기를 내주어 우리를 먹여 살리는 하늘의 은혜를 말로 표현할 길이 없구나!"

모든 사람이 고개를 끄덕이며 그의 말에 호응했다. 그때 아버지를 따라 잔치에 참석한 열두 살쯤 되는 어린아이가 나서며 말했다.

"저는 어르신의 말씀에 동의하지 않습니다. 이 세상에 있는 모든 것들은 모양과 크기가 다르지만 어느 것이 다른 것보다 더 귀하다고 생각하지 않습니다. 또 어느 것이 다른 것의 먹이로 태어났다고도 생각하지 않습니다. 모든 생물은 자기가 먹을 수 있는 것을 먹습니다. 사람은 물고기와 날짐승을 잡아먹고, 모기는 사람의 피를 빨아먹으며, 호랑이는 동물의 살을 뜯어먹습니다. 우리가 물고기와 새를 먹는다고 해서 물고기와 새가 우리의 음식이 되기 위해 태어난 것이라고 한다면, 우리는 모기와 호랑이의 음식이 되기 위해서 태어난 셈이 됩니다. 하늘은 과연 모기와 호랑이를 위해 사람의 몸을 내준 것일까요?"

마구간 청소일이 왜 부끄러운가?

　구걸해서 먹고사는 가난한 사람이 있었다. 처음에는 그를 불쌍히 여긴 마을 사람들이 기쁜 마음으로 그를 도와주었다. 그러나 하루이틀도 아니고 날이면 날마다 그런 일이 반복되다보니 사람들의 인심도 야박해지기 시작했다. 어떤 날은 아무것도 얻지 못하는 경우도 있었다. 살아갈 방도가 없는 거지는 동네 부잣집 마구간지기의 종이 되어 마구간 청소하는 일을 시작했다.
　마을 사람들이 그를 놀리며 말했다.
　"말똥 치우는 일이 부끄럽지는 않은가? 밥을 빌어먹는 것보다는 나은가?"
　가난한 사람이 대답했다.
　"모든 일이 다 나름대로의 가치를 가지고 있습니다. 구걸하는 것은 부끄러운 일입니다. 그런데도 저는 구걸해서 먹고살았습니다. 그런데 지금은 일한 만큼 정직한 대가를 받아서 살고 있습니다. 그러니 왜 부끄럽겠습니까?"

생각이 상황을 바꾸다

어떤 사람이 길을 가다가 부잣집 재산 목록이 적힌 장부를 주웠다. 집에 돌아온 그는 그 장부를 잘 숨겨두고 몰래 꺼내서 거기에 적힌 재산 목록을 헤아려보곤 했다. 어느 날 그가 친구에게 자랑스럽게 말했다.

"내가 부자가 되는 것은 시간문제라네."

그는 지금은 가난하지만 언젠가 부자가 될 수 있다는 생각으로 마음이 뿌듯했다. 이렇듯 모든 것이 생각하기에 달려 있다.

어떤 사람이 도끼를 잃어버렸다. 그는 이웃집 아들을 의심하고 다음날 그 아이의 행동을 유심히 관찰했다. 아니나 다를까 그 아이의 행동이 평소와는 달랐다. 그래서 그 아이가 도끼를 훔쳐갔다고 확신하게 되었다.

며칠이 지난 다음 뒤뜰에서 일을 하다가 검불 속에서 도끼를 찾았다. 그는 다음날 이웃집 아이의 행동을 유심히 관찰했다. 그런데 아무리 살펴봐도 의심할 만한 모습을 찾아볼 수가 없었다.

집착

초나라 평임금의 손자인 백공이 반란을 일으켜 왕권을 잡을 계획을 세웠다. 그의 머릿속에는 자나 깨나 그 생각뿐이었다. 어느 날 그는 생각에 몰두한 나머지 지팡이를 거꾸로 든 것도 잊고, 끝에 뾰족한 쇠가 붙은 지팡이에 턱을 괴다가 목이 찔려 죽었다.

어떤 사람이 그 이야기를 듣고 친구에게 말했다.

"집착이 강하면 제대로 보이는 것이 없지. 마음이 밖으로만 향하면 발은 돌부리에 채이고, 머리는 기둥에 처박히는 법이지."

도둑질을 해서라도 부자가 되려는 사람이 있었다. 어느 날 금은방 옆을 지나가다가 주변에 사람들이 많이 있는데도 금을 훔쳐서 달아나다가 붙잡혔다. 그것을 보고 사람들이 혀를 차며 말했다.

"아니 대낮에, 그것도 많은 사람이 이렇게 지켜보는 데서 도둑질을 하다니, 저 사람 정신 나간 것 아냐?"

그러자 그 사람이 말했다.

"내 눈에는 오직 금만 보였소. 사람들은 전혀 보이지 않았소."

역자 후기

오고 감이 있다면 그 오고 감의 가운데가 삶일 것이고,
삶은 옴에서 감으로 계속 흘러가고 있기에 무상無常하다.
오는 것도 없고 가는 것도 없다면 그냥 삶만 있을 뿐.
그 삶도 내가 사는 것이 아니라
내 의지와 상관없이 그저 '살아지는' 것
그리고 '사라지는' 것.

어제는 지나갔기에 없고
내일은 아직 오지 않았기에 없다.
지금 이 순간만 있다.
삶이 무상하고 사라지는 것인데
어떻게 허무함에 빠지지 않고,
허虛와 무無를 딛고,
지금 이 순간 평안하고 즐겁게 살 수 있을까?
그냥 이걸로 족하다는 경지는 어떤 것일까?

『열자』를 번역하면서 이런 질문에 대한
수긍할 만한 답을 언뜻언뜻 눈치챌 수 있었다.

열자, 삶의 달인

1판 1쇄 발행일 2025년 11월 10일

지은이 열자
편   역 정창영

펴낸이 권미경 | **펴낸곳** 무지개다리너머
주소 서울시 은평구 응암로 310 | 이메일 beyondbook7@gmail.com
팩스 0504-367-7201 | 블로그 blog.naver.com/brbbook
등록번호 제25100-2016-000014호(2016. 2. 4.) | ISBN 979-11-90025-09-6 03150

이 책의 어느 부분도 펴낸이의 서면 동의 없이 어떤 수단으로도 복제하거나
유포할 수 없습니다. 잘못된 책은 구입하신 곳에서 교환해 드립니다.